2023 年 4 月 12 日，於日本外國特派員協會召開記者會。

孩提時代

攝於愛知縣豐橋市的住宅區（左頁下），在母親（右頁左上圖）和父親的關愛下長大。

skateboarding
SK8

POWER WHEELS
POWER WHEELS

模特兒時期

與名古屋市內某間模特兒事務所簽約，
做小賈斯汀的穿著打扮（下圖）。

小傑尼斯時期

2012 年 2 月加入傑尼斯事務所，從事日劇和舞臺劇等演藝活動，於 2016 年退社。

2023 年 5 月 16 日，出席立憲民主黨在國會召開的聽證會，陳述自己的意見。

傑尼斯男孩、創傷與偶像的告白

掀開日本娛樂圈掩蓋半世紀的祕密，
十五歲少年的黑暗與掙扎

岡本 Kauan 著

姜柏如 譯

前言

二〇二三年四月十二日，日本外國特派員協會。

穿黑西裝搭黑領結的我，沐浴在大量閃光燈下。傑尼斯時代的經歷，讓我早已習慣了舞臺，所以沒那麼緊張。

然而如今面臨的緊張感，與我過往在舞臺上體驗到的截然不同。

成排的電視攝影機部署在室內後方，桌前坐滿了記者們都在看著我。我事後才得知，當天現場聚集了包含《NHK》、《朝日新聞》、《美聯社》（*AP News*）、《紐約時報》（*The New York Times*）等共三十多家國內外媒體。

當天召開的記者會，是我以受害者的身分首度實名露臉，指控自己遭到傑尼斯事務所創辦人強尼・喜多川先生性侵。

「明明是受害者，為什麼還要盛裝打扮？」記者會結束後，網友對於我的穿著打扮頗有微詞。但我不想在鏡頭前面擺出博取他人同情的受害者姿態。雖然我曾是位受害者，但如今是歌手兼藝人。儘管我召開記者會的初衷是說明性侵事實，但我從沒想過用過往創傷博取外界關注。

話雖如此，但記者們想問的，應該是鉅細靡遺的性侵過程吧？他們會問我什麼？又會問得多深入呢？就算看著那群緊盯著我臉不放的眾多國內外記者，我也無從想像。

但沒關係。

——「YOU❶上台吧。」

二〇一二年，我突然被強尼先生叫去東京。當天就直接站上舞台，在五千名觀眾面前清唱。而我也在那個瞬間，成為了小傑尼斯❷的一員。

——「明天的演唱會，YOU去站舞台中央的C位。」

像那樣被指派去做強人所難的工作，在傑尼斯事務所簡直是家常便飯。我們必須用理所當然的態度接下工作，否則往後也別想有工作上門。

——YOU。

真要說起來，強尼先生教會了我很多事。

待在傑尼斯事務所的四年內，我所經歷到的，當然不只是強尼先生的性侵害，擁有的也不全然都是痛苦的回憶，甚至還學習到何謂娛樂的本質，其實獲益匪淺。

身為藝人，必須具備泰山崩於前而色不改的應變能力和領袖魅力！

記者會宣告開始。於是我深吸一口氣，低頭望向事先擬好的講稿。

「Good morning everyone, and I am really grateful to be with you today. My name is Kauan Okamoto（大家早安，很感激大家今天來到這裡。我的名字是岡本Kauan）——」

---

❶ YOU：傑尼斯事務所社長強尼・喜多川習慣以「YOU（你）」而非名字來稱呼旗下藝人，是他廣為人知的口頭禪。

❷ 小傑尼斯（Johnny's Jr.）：指接受事務所培訓，尚未出道的偶像訓練生，相當於韓國的「練習生」制度。又簡稱為「Jr.」。

目錄

第二章 成爲小傑尼斯

第一章

Baby

強尼先生的來電

「喂？」

「啊，我是強尼。」

二〇一二年二月十二日一大清早，我突然接到一通陌生來電。那天是個星期天，當時還是國三生的我，在愛知縣豐橋市自家的床鋪上被吵醒，所以還沒搞清楚狀況。

「咦？什麼強尼？」

「我有被收錄進《金氏世界紀錄》喔，YOU沒看過《金氏世界紀錄》嗎？」

「嗯，我沒看過。」

「算了，總之YOU有寄DVD給我吧。我看了〈Baby〉的歌唱影片和來信。」

聽到這裡，我才終於恍然大悟。

我當時已註冊了東京某間模特兒經紀公司，那間公司的經紀人認識男鬪呼組（當時隸屬於傑尼斯事務所）成員兼演員的岡本健一先生。為了一圓音樂夢，我將自己演唱小賈斯汀（Justin Bieber）的成名曲〈Baby〉的內容錄製成DVD，還把自己對於音樂的想法寫成一封信，透過岡本先生之手轉交給強尼先生。

「今天Sexy Zone❸在國際論壇大樓有現場演出，過來一趟吧！」

「咦？！國際論壇大樓在東京吧？」

「YOU沒來過東京嗎？」

---

❸ Sexy Zone：於二〇一一年正式出道，由菊池風磨、佐藤勝利、松島聰、中島健人、葉成龍組成的傑尼斯偶像男子團體。出道時平均年齡僅十四歲左右，是傑尼斯中年齡最低的組合，於二〇二四年後改名為「timelesz」，並改為三人制。

「沒有。」

「我會出新幹線的車費，過來看吧，兩點半開始。」

聽到對方這麼說，我望向時鐘，現在已經是上午十點。即使馬上衝出家門，抵達東京恐怕也會是下午一點了。

「總之，我覺得YOU今天最好過來一趟，怎麼樣呢？」

儘管這個邀請來得太過唐突，但那瞬間，我感覺有股電流在體內竄動著。

來了！這絕對是千載難逢的好機會！

眼前的現實，簡直像是國外藝人紀錄片中的某個決定性時刻，於是我沒做多想就答應了。

「我要去！」

我的人生要開始變得多采多姿了。

我向媽媽報備後，她驚訝地問我：「你說的是真的嗎？」

我匆匆打斷她的話：「絕對是真的，我出門了。」

我的偶像是小賈斯汀

即便如此，我壓根沒料到這片ＤＶＤ，會輾轉交到強尼先生手上。畢竟我起初是抱著「這片ＤＶＤ可能會為自己爭取到參加選秀會的機會」的想法。

國中畢業在即，課業學習落後的我正面臨「跟父母一樣去當地工廠上班」的嚴峻未來。但年輕時懷抱律師夢的母親卻表示：「我不希望 Kauan 去工廠上班。」

關於我的家庭背景，留待後文再向大家詳細介紹吧。

我媽媽是位巴西人，為了籌措上大學的學費，從巴西遠赴日本工作。她十八歲就生下我，所以被迫放棄自己的讀書夢。

當時年僅國三的我夢想是成為一名藝人，偶像是小賈斯汀。

「我想成為一名藝人！」

當我告訴媽媽後，這位愛打扮又超自戀的美女給了我這樣的建議：「外表很重要。你是我生的，顏值是沒問題，再來……是否該去做縮毛矯正呢？」

無論是小賈斯汀還是傑尼斯藝人，都擁有一頭清爽飄逸的直髮。但我從小就是一頭捲毛。這種髮型在日本不受歡迎，於是我去做了縮毛矯正，還為了模仿小賈斯汀，網購買了許多與他穿搭風格相似的服飾，不僅完美複製偶像的穿搭，還無師自通的練習舞蹈，用自己的手機錄下很多自己唱歌的影片。

但我仍然不曉得怎麼做才能成為藝人。

小賈斯汀起初是為了住在遠方的奶奶，把自己唱歌的影片上傳到 YouTube 上。後來他在街頭舉辦演唱會，用歌聲感動了圍觀的群眾。

因此，若想以藝人的身分出道，必須獲得業界人士的青睞。免不了還要有專業團隊的支援，加上製作人和經紀人隨侍在側，藝人才能一展長才，這是不變的鐵律吧。但我又該如何嶄露頭角呢？

「你是日裔巴西人，最好先去當模特兒。」

我在媽媽的建議下，決定先寄履歷給模特兒經紀公司試水溫。我將媽媽為我拍的大頭照貼在履歷表上，寄給離豐橋最近的城市，也就是名古屋市內的十間模特兒經紀公司。

結果那些公司都給了我不錯的回應，陪我去面試的媽媽雖然聽不太懂日文，卻依然為我冷靜分析，像是「那間經紀公司感覺是騙人的」、「那個面試官瞧不起巴西人。」

打入最終候選名單的是位居龍頭的A公司，還有規模較小的B公司。而且A公司開出了極為優渥的條件：「與我們公司簽約，有望登上雜誌封面，一圓成為模特兒的夢想。」

雖然契約寫的鉅細靡遺。但反過來說，這些條款也大大侷限住我的發展。

「畢竟對方是經紀公司龍頭之一，制度很周全，但是……」媽媽也感到有點美中不足。

至於B公司老闆提出的條件，與A公司形成了強烈對比。

「待在我們公司可能完全接不到工作，當然會建議你去大公司，A公司也很不錯。但我們會提供你免費的模特兒培訓課程。」

「啊，是這樣嗎？」

看到我一臉掃興，他連忙補充道：「但 Kauan 的夢想是成為音樂人，而不是模特兒吧？我們也會努力幫你物色一些與音樂相關的工作。」

哇，這間公司願意支持我的音樂夢呢。

我聞言後欣喜若狂，媽媽聽了也很滿意。

「選那間準沒錯。先去B公司，日後再跳去A公司也可以吧？」

雖然我不曉得這個如意算盤能否打得響，但我覺得最好先去肯正視自己夢想的公司，遂選擇了B公司。

與此同時，我也決定去註冊東京其他公司。模特兒經紀公司分為隸屬制和登錄制，只要登錄個人資料，就會接到零星案件的委託。甚至也有登錄公司後工作越接越多，最後索性加入公司的案例。

於是聰明的媽媽靈機一動：「為了你的將來著想，最好也在東京也找一個立足點。」也就是以混血模特兒居多的C公司。C公司的經紀人久子（HISAKO）的朋友ＫＥＮ先生，能直接聯繫到岡本健一先生。

聽說當時是經紀人向ＫＥＮ先生推薦：「我們公司來了位叫 Kauan 的新人，會唱歌跳舞。雖然他才十五歲，卻很喜歡像小賈斯汀和亞瑟小子（Usher）之類Ｒ＆Ｂ歌曲，也會唱英文歌。能麻煩您將 Kauan 的ＤＶＤ，轉交給岡本健一先生嗎？」

「雖然我們的確認識，但我也不好突然拜託健一先生。」

「但這是他的夢想，萬事拜託了。」

「唔～好吧，我盡力而為就是了。」

當時我對於傑尼斯的印象，僅限於很受女生歡迎，還有學校午休時間所播放的嵐（Arashi）的歌曲。

於是我將自己熱唱小賈斯汀〈Baby〉的內容錄製成ＤＶＤ，並且附上一封信。信中大意是說父母來日本後生下我，介紹自己的過往經歷和人生觀，還有對音樂的熱誠，覺得傑尼斯唱歌跳舞的表演風格，很接近自己的目標，還寫了自己很有毅力等。

ＫＥＮ先生把ＤＶＤ和信交給了健一先生。說來，同姓「岡本」也是種奇妙的緣分，健一先生在看過我的ＤＶＤ後，似乎覺得我很有趣。他拿著我的ＤＶＤ和信去傑尼斯事務所時，強尼先生恰好在公司。於是健一先生直接把東西轉交給他本人，在機緣巧合下，扭轉了我的命運。

雖然經紀人和我，都沒有拜託健一先生做到這種程度，但他奇蹟似地產生了交給強尼先生本人的念頭，讓這個想法最終化為現實。

所以強尼先生才會突然打電話給我。

在五千名觀眾面前清唱

「照平常發揮就好。」

媽媽這樣叮囑後，送我走出家門。我當天的衣著與小賈斯汀的紀錄片《永不說不》（*Never Say Never*）的穿搭如出一轍，這也是媽媽給我的建議。

我衝上新幹線，在 Sexy Zone 第二場公演即將開演之際，抵達東京國際論壇。因為強尼先生交代我「知會警衛就好」，於是我撥開眾多女孩走向警衛，然後對他說：「不好意思，我是 Kauan。」

結果對方回答：「岡本先生？我正在等你呢，這邊請。」至此，我內心的疑慮也煙消於散，緊接著恐懼感跟雀躍感席捲心頭，卻也在這個瞬間下定決心。

我直接被帶往坐在沙發上的強尼先生面前。

他是位頭戴鴨舌帽，身高約一六〇公分的矮小爺爺，但身上卻散發著不容小覷的氣勢。

我向他打了聲招呼：「您好。」他回答：「YOU還真慢呢。」

在他的右手邊，有位身高約一八五公分的高大男人。儘管那名男子壓低帽檐遮住眼睛，但存在感十足，他是小室家族的TRF樂團前成員，傑尼斯知名編舞師SAM先生。

SAM先生問我：「你就是Kauan嗎？」

「啊，沒錯。因為不熟悉地點，所以來晚了。」

就在這時，強尼先生突然問我：「能先唱首歌嗎？」

「咦？現在嗎？」

「沒錯，就是現在。YOU不敢在這裡唱歌嗎？」

儘管強尼先生名義上是要我來現場觀摩，但他肯定從一開始就打定主意要我來唱歌。

後來我才知道，待在強尼先生身邊，必須不時接受考驗。

雖然我膽子算大，但他的要求依然讓我措手不及。但在這種情況下還願意配合的人，他才肯錄取吧。

於是我跟他們走入一間很像會議室的房間，當著兩人的面清唱〈Baby〉。

一曲唱畢，人見人怕的ＳＡＭ先生對我說：「嗯，唱得不錯。但你不會唱傑尼斯的歌嗎？」

「我沒什麼在聽……」

「你都跑來傑尼斯了，卻連一首傑尼斯的歌都不會唱嗎？這傢伙真有意思呢。」

緊接著強尼先生說出令人難以置信的話。

「沒關係，ＹＯＵ先在中場聊天的時候出場吧。」

我一時間搞不懂他的意思，忍不住問他：「您說『出場』是什麼意思？」

「就是能在演唱會上唱歌嗎？」

想當然耳，年僅國三的我，不但沒有登臺演唱的經驗，連ＫＴＶ都沒去過。儘管如此，看過很多海外藝人成名記的我，早就把自己當成了第二個小賈斯汀。

我的故事已經開始譜寫了！

所以我立刻一口答應：「好，我可以上臺。」

「現場約有五千名觀眾，YOU可以嗎？」

「可以！」

「總之先將他介紹給 Sexy Zone 認識吧。」

演出橋段必須事先討論，所以當天傍晚六點，也就是 Sexy Zone 第三場演唱會的正式演出前，我被介紹給他們認識。從 Sexy Zone 的立場來看，他們努力至今終於如願以償舉辦的首次演唱會，臨時被告知有陌生人會來湊一腳，產生疑惑不解的反應也很正常。

「請多指教……」

儘管現場瀰漫著生疏的氣氛，但強尼先生絲毫不介意。

「健人（指中島健人）和風磨（指菊池風磨），Kauan 會唱小賈斯汀的歌，可以把他介紹給大家認識嗎？」

「好的。」

「那就說他是你們的朋友吧。」

雖然他們對於ＳＡＭ先生的提議點頭稱是，可臉上明顯露出了不滿的神色，而我也只能連聲道歉。

就這樣到了演場會的中場講話時間，他們開了口：「我們今天帶了一位朋友過來。」

我想這時現場觀眾多半認為登場人物要不是重量級大咖，就是傑尼斯的資深藝人吧。

當「岡本Kauan」這個名字迴盪在現場後，觀眾也陷入一片譁然。

「接下來這位像小賈斯汀的男孩，會為大家演唱小賈斯汀的〈Baby〉，一起來欣賞他的處女秀吧！」

於是我在他們的介紹下開口唱了〈Baby〉，而且還是清唱。

至於我唱得如何，是否毫無失誤的把整首歌唱完了？當時的我太過緊張，除了現場觀眾鼓掌的畫面外，幾乎都什麼都不記得了。

有趣的是，當我下臺後，站在 Sexy Zone 後面伴舞的近百位小傑尼斯，以熱烈地掌聲迎接我。雖然現場觀眾根本不認識我，但聽說歌迷們紛紛謠傳我是小賈斯汀的親戚。

強尼先生的大廈

表演結束返回後臺後，在那裡等待我的強尼先生突然提議：「ＹＯＵ先跟我去吃飯吧。」

我聽到後不禁感到很疑惑：他不看完整場演唱會嗎？但強尼先生卻不容分說地說：「好了，去吃飯吧。」

於是我坐上強尼先生駕駛的白色賓士，驅車前往青山的某間義大利餐廳。後來我才明白，那間義大利餐廳就在強尼先生住的大廈附近，也是小傑尼斯們經常光顧的店。

儘管強尼先生當時年過八十，但他的駕駛方式很粗暴。他很愛暴衝和急煞，所以坐他的車很恐怖，他有時迴轉還會開到路肩上，所以周遭人都覺得很危險，紛紛勸他別自駕。我加入傑尼斯一年後，他就很少開車了，在我退社的二〇一六年時，他也開始以輪椅代步。

那天，我跟其他小傑尼斯在餐廳會合。大家用餐完畢後，就直接前往強尼先生的家。他家是將摩天大樓頂樓的兩間房打通成一戶，所以空間相當寬敞，同時也設有多間臥房，方便多人留宿。強尼先生的房間位在大門左手邊。至於最裡面的房間，有張鋪著灰色直條紋床單的特大雙人床。

除此之外，有的房間擺著可容納多人用餐的大餐桌，還有附設ＫＴＶ的隔音室；家庭視聽室有很多電玩遊戲，是大家的遊樂場。總共有三間廁所和兩間浴室。其中一間浴室有按摩浴缸、巨型圓柱魚缸、按摩椅、大冰箱，還有兩臺洗衣機。

在擺了張大沙發的房間內，放著很多像是《明星》等，用事務所前輩們當封面的過期娛樂雜誌。雖然吧臺擺了很多名貴的酒，但那些都是來自各方的贈禮。強尼先生本身滴酒不沾，我也從未見過小傑尼斯們喝酒。

屋內有很多很像飯店會提供的備用浴袍，方便小傑尼斯們留宿時換穿，當然也少不了換洗內褲，是老年人愛穿的那種寬鬆白色三角褲。

當晚，我跟其他小傑尼斯們留宿在此。雖然強尼先生揉了揉我的肩膀，但也僅止於此。

渾然不覺羊入虎口的我，當然也不曉得「潛規則」，還摸到很晚才睡。今天如夢似幻的經歷，讓我興奮到難以入眠。我還跟擔心的媽媽用葡萄牙語講了很久的電話，還因為怕吵到其他人，刻意跑去離強尼先生房間最遠的房間講電話。那間房間有一張特大雙人床以及一張單人床，而我使用的是單人床。

儘管強尼先生頻頻過來巡房，但他只是嘀咕著「在講電話啊」，然後就離開了房間。事後我才恍然大悟，當晚自己之所以能全身而退，八成是因為那通講了很久的電話。

一番長談後，我跟媽媽互道晚安後掛斷電話。我在腦海編織著指日可待的美好前景，回想著自己鹹魚翻身的驚奇轉折，在不知不覺間進入夢鄉。

第二章

巴西住宅區

日裔巴西人

我在一九九六年五月二十四日生於愛知縣豐橋市，父母都是第三代日裔巴西人，外祖父母也有義大利血統。

「Kauan」這個名字，即便在巴西也很少見，聽說在原住民語中，意思是「老鷹」。

我在長大後選擇歸化，雖然目前是日本國籍，但也具備巴西國籍。我的人生始終存在身分認同的問題，在日本人和巴西人的矛盾中來回擺盪著。

我很想拯救總是陷入掙扎的自己。

這個想法最終也化為「想取悅或拯救他人」的動力，我會立志從事娛樂產業，或許也是基於這個心態。

✦✦✦

我的父母在十八歲時選擇離鄉背井，隻身從巴西來到日本工作。母親來到日本的目的是為了賺取大學學費。

我的外婆是單親媽媽，所以媽媽從小就因為家境貧困吃足苦頭，因此她決定自己一定要上大學，考取律師資格，翻轉人生。聽說她很努力讀書，成績也很優異。至於爸爸雖然是以工作的名義取得簽證，但他實則是來打工度假，也就是抱著半玩樂的心態過來。

這樣的兩個人進入豐橋同一關係企業上班，假日在泳池邊偶然相遇，媽媽在爸爸的積極追求下墜入愛河，後來懷孕了。事後想想，我差點無法誕生在世上呢。

當年只有十八歲的她，曾很煩惱是否要生下我。周遭人也紛紛反對她年紀輕輕就當媽。但他們所信仰的基督教將墮胎視為一種罪，於是媽媽去徵求爸爸的意見，但爸爸一時之間也不曉得該怎麼辦，只給了很模稜兩可的答案。媽媽煩惱到最後，決定自行去婦產科墮胎，爸爸直到最後關頭才現身。

「過去是我太沒責任感，墮胎的罪行會讓我後悔一輩子。待在日本上班，多少能賺到錢，讓我們共同把小孩撫養長大吧。」

這句求婚告白打動了媽媽，於是她決定結婚。我才得以在千鈞一髮之際，誕生在世界上。

但身為早產兒的我，不僅體重過輕，還有新生兒黃疸的問題，出生後就被放入保溫箱內接受治療。媽媽陷入產後憂鬱，還得了恐慌症。她每天會搭頭班車去醫院，隔著玻璃看著躺在新生兒保溫箱內的我一整天，再搭末班車回家。聽說只要玻璃另一頭的我一哭，她都會歇斯底里地急忙找醫生過來，生怕我有個什麼萬一。

這件事在她的內心留下陰影。每當我回老家探望目前仍住在豐橋的媽媽，爾後準備返回東京時，她肯定會大哭一場。事實上，我還有分別小我五歲和十一歲的兩個弟弟，但媽媽似乎只會對我這樣。

至於爸爸的個性，與媽媽恰好相反。

他是位生性愛熱鬧的巴西人，每到週末，他就會跟三五好友相聚吃燒肉，放音樂跳舞。雖然他很愛參加這種聚會，卻不會大肆喧嘩，只會默默地幫大家烤肉。生性靦腆害羞的他，相當樂意為大家服務。

媽媽原本就很少去這種熱鬧場合，也不愛跟別人打成一片，屬於我行我素的類型，連鄰居都畏懼她三分。生性嚴厲的她口頭禪是「最討厭表裡不一」，而且講話一針見血，沒人講得贏她。

所以我有位愛開玩笑的爸爸，以及一位毒舌的媽媽。雖然個性南轅北轍的他們，在我二十歲時選擇離婚，但他們至今依然很疼愛我。

從小擔任父母的翻譯

豐橋市有很多工廠，吸引很多巴西移工蜂擁而至，也是日本屈指可數的知名巴西城。我從小就在也被稱為是「巴西住宅區」的公營住宅（即臺灣的社會住宅）長大。除了巴西人外，還有很多來自不同的國家的居民，人數僅次於巴西人的是菲律賓人。我們一家三口就窩在破舊的公營住宅內最小的房間，身上根本沒有多餘的錢可用。

媽媽成天把「家裡很窮，所以必須力行節儉」掛在嘴邊，所以對於節儉，我早就習慣成自然，在稍微懂事後，我才開始體認到家境貧困的事實。我家鮮少外食，偶爾能去吃麥當勞或是薩莉亞，都是狠下心來花錢的證據。也就是說，我人生第一次嚐到的大餐，就是見到強尼先生那天，他帶我去吃的那間義大利餐廳。

我們在家只講葡萄牙語。爸媽的朋友也清一色是巴西人，所以多年來，他們的日語遲遲沒有進步。雖然爸爸在生產封箱膠帶和漿糊的工廠上班，能用日語進行日常溝通，但是辭去工廠工作，成為家庭主婦負責操持家務的媽媽，始終存在語言障礙的問題。

我是在三歲去上幼兒園後，才開始正式接觸到日語。兒童的學習能力真的很強，因為我在不知不覺中，就能把日語說得琅琅上口。年紀稍長後，我就成為了父母的口譯員。我會和媽媽去超市，向她解釋標籤上的文字是什麼意思；陪她去婦產科看病、去公家機關辦相關手續。甚至連幼兒園和國小發的各式通知單、安排的活動跟校外教學，我都得向媽媽逐一解釋。

甚至連親子師長三方會談，都是由我擔任翻譯。有次班導說：「Kauan 這點需要改進。」我便矇騙媽媽說：「老師在稱讚我。」但媽媽某次聽到老師提到「作業」二字後立刻問我：「作業是說讀書吧？老師應該在說你都沒寫吧？」儘管媽媽聽不懂日文，卻依然被她識破了。

我也曾經對於在學校同學面前，當眾用葡萄牙語跟父母溝通感到尷尬不已，因為這樣就像證明了自己不是日本人的事實。我覺得講葡萄牙語會被歸類是外國人，內心有種矛盾感。

與日本人的差異

自從我三歲被送到幼兒園，開始接觸日本文化後，就遭遇到很多文化衝擊。例如學校的營養午餐提供的是白飯。但我家餐桌上只會出現巴西料理。

與其說巴西料理接近泰式料理，不如說是「亞洲料理和歐洲料理的綜合體」會更貼切。畢竟巴西住宅區有很多巴西人，所以附近有超市在販售巴西進口食品，所以我家甚至沒有醬油。

我家會把大蒜與白飯混合蒸熟，所以米飯呈現黃色，味道也不一樣。雖然如今的我，已懂得品嚐蓬鬆白飯的美味，但小時候卻很不喜歡。

巴西料理經常會用到豆類、木薯粉、洋蔥和大蒜。我在炒青菜的時候，也會用洋蔥和大蒜來調味，端上桌款待客人時，大家都讚不絕口。

我之所以不太挑食，是因為早已習慣日本和巴西在口味上的差異，另一個原因是我父母很珍惜食物，尤其在艱困環境下長大的媽媽，不准我們剩下飯菜。她從小就不停告誡我們：「巴西有很多人沒飯吃。這些你剩下來的飯菜，能填飽很多人的肚子，他們就不會餓死了，所以你不能浪費，必須吃光光。」她在這方面的要求比日本人還要嚴格。

因此，在正宗巴西家庭下長大的我，很難適應日本的幼兒園。

在試著接觸日本小孩後，我發現彼此的感受果然相差甚多。

在我熟悉日本文化和語言前，基本上完全無法與日本小孩產生共鳴，或是成為朋友。從幼兒園起，我就跟大家格格不入。

雖然我喜歡戶外活動，卻不愛跟大家一起玩。像是大家在幼兒園玩捉迷藏和泥巴的時候，只有我會爬到遊樂設施的最高處大喊：「你們看！」即使老師發現後喝斥：「不可以爬到這麼高的地方！」但我依然喜歡做別人辦不到的事，藉此引人注目。年幼懵懂的我，有種必須做些厲害的事，才能獲得眾人認同的心態。

我也經常和老把錯推到我身上的日本小孩起衝突。狡猾的他們好像認為「只要找外國人當代罪羔羊就好」，甚至還會故意把玩具藏起來，再跑去跟老師告狀說是我幹的。

面對老師的質問，我也無法用流利的日語替自己辯解。因為我實在嚥不下這口氣，所以最後總是會跟同學大打出手。事後回想起來，跑去向老師哭訴也許還比較聰明。但我從小就不愛扮演受害者的角色，總是獨自面對生命中的每個艱難時刻，或許巴西人天性如此吧。

第一個朋友

我升上小學後，就被孤立在日本社會之外。

我原本就不愛念書，還有語言障礙，國小三年級學到除法時，我索性放棄學習。平常在家根本用不到漢字，所以我完全不會念，直到進入傑尼斯後，才努力學會怎麼念的。

我既無法跟上學校的課業，也不會念漢字，雖然不愛念書才是主要原因，但周圍人卻會把書念不好的原因，歸咎於我外國人的身分。

曾嚮往成為律師的媽媽，強烈希望我好好念書，她苦口婆心地勸我「我不想你跟我一樣去工廠上班」、「希望你能上大學，因為你不是日本人，所以必須比別人多付出三、四倍的努力來念書。」

雖然我認同她的說法，現實的門檻卻依然高不可攀。

連國小生活都無法適應的我，未來能順利融入日本社會嗎？八成很難吧。

升上國小四年級後，我開始思考自己的將來和生活方式，從各種意義上來看，那也是我的人生轉折點。

連第一位朋友，我都是很晚才交到。

剛好也是國小四年級的時候，我認識了日本同學綾也，彼此意氣相投的原因是都喜歡蜥蜴。

看不懂日文漢字的我，每次去圖書館都是看圖鑑，也認識到很多動物跟昆蟲，我喜歡酷帥有型的動物勝過於Q萌可愛的動物，對於單獨狩獵的獨居性動物更是情有獨鍾，所以迷上了爬行動物。我買了捕蟲網，和綾也去神社境內捉蜥蜴。雖然我是班上的動物股長，但比起照顧兔子，我更熱衷於用教室的養蟲籠飼養蜥蜴。

日本在一九八九年修改了出入境管理法，大幅放寬一至三代日裔巴西人赴日工作的條件。我的父母也是受惠於這條法規，才能遠渡重洋赴日工作，然而真正的移工熱潮，卻是二〇〇〇年後才正式吹起。

因此在我國小高年級時，來自巴西等海外的外籍學生的人數激增。在我剛讀國小時，班上只有一兩位巴西人，現在已有五位。後來學校的通知單也有提供葡萄牙語版，也有巴西籍的葡萄牙語翻譯人員長駐於校內。

這群在國外出生，一句日文都聽不懂的外籍學生，會被編入普通班。等到特定時間，才會被轉去只有外國人的班級。他們的痛苦指數感覺比過去的我還要高。

外籍學生無論是個性還是思維，都與日本人大相逕庭，被硬生生扔入日本社會的話，會活得很辛苦。由於文化差異的緣故，染頭髮、穿耳洞的外籍學生比比皆是，若是因此遭到排擠，便會漸漸覺得自己被否定。

我經常在想，為什麼巴西人跟日本人會互看不順眼呢？

但日本人和巴西人在相互不理解的情況下共同生活，已經是司空見慣的現實。

✦✦✦

雖然我念書不行，但體育成績倒是遙遙領先其他人。我的運動神經優異，無論是短跑還是長跑，不用練習都能穩拿第一。原本這點會讓我成為班上的風雲人物，但實際上並沒有。大家對我的評語是「外國人天生運動神經好」、「基因優勢」，使我覺得無論自己多努力，大家依舊把我當成外國人，不認同我是日本人。

從那時起，我與旁人發生肢體衝突的頻率也變高，也對格鬥產生興趣。原本想說去學空手道變強後，自己就不會如此血氣方剛吧，但媽媽卻很反對，理由是「你去學格鬥應該會殺人，還是算了吧」。

最後在雙方各退一步的情況下，我開始學習柔道，至少可以作為防身術。

爸爸的教育方針是「那是你的人生，自己開心就好」，媽媽則是想引導我走向她認為正確的方向，生怕我誤入歧途。我想她有預感我會成為不良少年，擔心放任不管，我會成為反社會人士或是地痞流氓吧。

我去柔道道場上入門課那天，突然對練柔道兩年的同學使出了單臂過肩摔，對方還懊惱到當場哭出來。

初次告白帶來的創傷

讓我情竇初開的對象，也是在國小四年級出現。她是班上最可愛的日本女孩，無論念書還是運動都樣樣精通。於是我下定決心，在放學回家的路上把情書交給她。然而她收下後，卻走到較遠的地方，直接將我的情書丟進路邊排水溝內，與朋友相視而笑……

遺憾的是我視力很好。她肯定沒料到我將一切都看在眼裡，如果她直接拒絕我的告白還無所謂，但我從她的舉動感受到了一絲輕蔑，彷彿在說自己被噁男告白了。我想熱愛爬蟲類的外國人，在女生眼中不甚討喜吧。此外，我也不和其他男生一起玩，始終和綾也和蜥蜴為伍。儘管如此，直到國中畢業，我都在暗戀那位女孩。順帶一提，雖然我的外表容易讓人誤以為喜歡辣妹，但從初戀到現在，我始終喜歡認真正經的女生。

那段被心儀對象嫌棄的經歷，成為深埋在內心深處的自卑感，至今仍影響我極深。在那之後，我開始思考如何受到女生歡迎，也渴望獲得社會認同。即使男生不認同我，受女生認同也好。畢竟帥哥看起來相當耀眼悅目。於此同時，我內心也升起一股危機意識：「慘了，我在這樣下去真的會缺乏社會競爭力。」

在國小這個階段的成功標準，就是能否成為風雲人物。根據我個人的觀察，風雲人物往往都是運動健將。雖然我很會打躲避球，卻意外地不受歡迎；雖然是飛毛腿，卻沒有脫穎而出的機會；雖然練柔道變強了，但也跟受歡迎扯不上關係；喜歡昆蟲更是連提都不用提，一點加分效果都沒有。

總之，受女生歡迎的運動項目，果然非籃球和足球莫屬。某次快放學的時候，我在回家的路上經過體育館，看到好多女孩在館外圍觀喧嘩。原來她們正如癡如醉地看著男子籃球社的比賽。當聽到「哇～好帥！」的尖叫聲後，我才明白原來會打籃球的男生是如此受女生歡迎，也對籃球留下很深刻的印象。

雖然我擅長踢足球，但因為我平常沒在跟其他同學打交道，所以沒人邀我加入社團。還有人看不慣我偶然上場踢球還表現優異，更不願意開口邀我入隊。此外，我還領教過打敗眾人眼中的風雲人物後，那人當場變臉，其他人也跟著不爽的負面連鎖反應

除了以上兩種，另一種風雲人物就是開心果。無論男女都喜歡有幽默感的人。

「沒錯，就是這個！」

想到這裡，我開始立志成為開心果。當時剛好富士電視臺的《爆笑紅地毯》和日本電視臺的《娛樂之神》等搞笑綜藝節目正流行，於是我就看電視學如何搞笑。

後來，我在學校實踐裝傻、吐槽等搞笑技巧，居然奏效了！雖然依然沒能交到朋友，但可不是人人都敢戲弄老師，所以我的表現頗受同學的好評。遇到內向的同學被人嘲笑的情況，我也會利用吐槽來化解尷尬場面，或是把攻擊的炮火轉移到自己身上。我很愛這種伸出援手的搞笑，大家都開心，自己還能成為英雄，可說是一舉兩得。

升上國小六年級後，我開始更認真思考自己的將來。我很清楚升上國中後，學

業落後的問題只會更嚴重，一如媽媽的擔憂。話雖如此，我喜歡的蜥蜴也無法成為我的生計來源。

考慮到將來，我決定放棄成為「動物博士」，在國小畢業的未來志願欄上，我寫了「搞笑藝人」四個字。

我想受大家歡迎、想逗大家開心。雖然我熱愛音樂，但當時的我還沒想到把音樂創作當作職業。

輟學

我就讀的國中校風相當嚴謹。

學校自然沒有「搞笑」這個科目，只給學生三個選項：「努力念書、努力運動、努力念書跟運動」。無法配合的學生會被視為廢物，最終開始拒絕上學，或是淪為不良少年。

因此我選擇加入籃球校隊。但打從國小就一起練球的社員們，老早就形成了既定的交友圈，社團指導老師也偏袒他們。儘管社團有組建一年級新生的校隊，但毫無籃球基礎的新生，不會被算在先發陣容內。

不會運球的我生怕會遭到冷眼，所以自掏腰包買了籃球，放學回家後，我就待在公宅僅一公尺寬的狹窄陽臺練球。某天，我透過 YouTube 認識到街頭籃球，在見識到全世界最頂尖的街頭籃球手辣醬（Hot sauce，本名為菲利普・查恩〔Philip Champion〕）的運球技巧後，我每天在陽臺和公宅廣場練習運球到天黑。努力不懈練了半年後，我的運球技巧也在一年級新生之中稱霸，雖然覺得自己夠資格上場，但老師依然不肯把我加入先發陣容。

我對於諸如此類的事情感到厭煩，索性不再去社團活動。放學後，就跑去公宅後面的公園，在公園唯一的籃框下打起街頭籃球。我在那裡結交到了很多朋友，年齡層很廣，包含從國中生、高中生到二十出頭的人，甚至還有來自菲律賓、中國的外國人。在多元文化的交流下，彼此不分國界，在這裡找到心之歸屬的我，感到欣喜若狂。

街頭籃球不同於正規籃球，沒有規則可言，因此常發生激烈衝突，有時還會鬥毆打架。隊員中也不乏地痞流氓，我也因此沾染了菸酒等惡習。我們的感情因為結夥做壞事，更進一步地凝聚了向心力。

結果我國一就放棄社團活動，國二就是俗稱的「回家社」，放學後總是跑去公園打籃球到很晚才回家。我對這種生活感到樂此不疲，也逐漸迷失了人生的方向。媽媽的擔憂也越演越烈，同時變得更加嘮叨：「快去讀書，光顧著打籃球有什麼用？」

眼看我依然執迷不悟，媽媽最後使出了終極殺手鐧。

某天，她看我三更半夜騎著小綿羊機車去公園跟朋友們會合，就立刻打電話報警。警察查獲我們這幫人有人未成年抽煙和無照駕駛，因此所有人都被帶回警局接受輔導。

趕來警局接小孩的日本家長和一旁的警察們，在得知我媽媽選擇大義滅親，報警抓自己兒子後，紛紛笑著說：「Kauan 的媽媽真是瘋了！」

這幅情景使我內心產生一股強烈的矛盾感。畢竟媽媽是為了自己兒子好才會選擇報警，她的行為動機完全是出於母愛。反觀其他人，不只被逮捕的同伴很生氣，就連接獲警局通知的家長都很氣我們母子。那群家長一邊訓斥自己的小孩，卻也摸頭安慰他們說：「還好吧？怎麼會被抓呢？」

換句話說，那群家長會認為我媽瘋了，只是證明了他們沒有真心為自己小孩未來著想。當我發覺他們將我媽視為壞人的瞬間，就開始遠離那群酒肉朋友，選擇站在媽媽這邊。

此外，我當時還是巴西籍，一旦有前科很可能會被驅逐出境。我也重新體認到身上貼著「外來者」標籤的冷酷社會現實。離開警局回家後，媽媽這樣問我：「如果你被驅逐出境，能在巴西活下去嗎？」

我老實地回：「我想沒辦法。」

「如果你再繼續渾渾噩噩過日子，一定會有苦頭吃的。」媽媽說完後，開始嚎啕大哭。

我也靜下心來思考著：「我的爸媽都是認真踏實的人，我怎麼會跟那幫人鬼混呢？」於此同時，我也覺得自己過去的行徑很愚蠢。

那是我遇到強尼先生的前一年所發生的事。

音樂是支撐我前進的動力

雖然我的父母性格迥異，但彼此的共通點就是喜歡電影跟音樂。他們會聽各種類型的音樂，家中始終播放著巴西的民謠和嘻哈樂。我家最早的家庭錄影帶，就是年幼的我隨著音樂節奏跳舞。

打從小學低年級開始，我就對音樂萌生興趣。明治安田生命企業的電視廣告配樂，是我對音樂啟蒙的契機。那則廣告用照片的形式，描繪某個普通家庭從結婚、生小孩到與孩子共同對抗病魔的故事。這則廣告讓我看到哭，非常感動。雖然這麼說有點誇張，但我從中感受到自己對於日本社會的那份愛，它的廣告配樂正是那首小田和正先生演唱的〈無法言喻〉。

同一時間，電視開始播出動畫《火影忍者》，主角漩渦鳴人由於體內封印著怪物，處處受到排擠的境遇，給我一種同病相憐的感覺。我學會的第一首歌，應該就是《火影忍者》的主題曲。我在廁所唱歌時，還曾經被同學稱讚過。

雖然我把動畫主題曲跟廣告記得滾瓜爛熟，但首次感動到我的成人歌曲就是〈無法言喻〉。我也是在那時被音樂的力量打動，內心開始強烈渴望聽更多音樂。我在年齡差距較小的伯母影響下，開始聽 GReeeeN（現已更名為 GRe4N BOYZ）和放克猴寶貝（FUNKY MONKEY BABYS）的歌。

打街頭籃球時，我也會用音響播放背景音樂。升上國中後，我在同儕的影響下，也開始接觸R＆B和嘻哈音樂，這類音樂與籃球的節奏很合拍。雖然打籃球的確很紓壓，還能增進同儕情誼，滿足自我認同感。但獨處時聽的音樂，才是我真正的心靈支柱。我會在家聽日本流行抒情歌，然後閱讀歌詞。

於此同時，我也認識到麥可喬丹（Michael Jordan）。有在打籃球卻對ＮＢＡ沒興趣的我，偶然聽見他的名言。

「讓開吧，命運！你擋到我的路了。（Out of my way. your fate. I'm going

through.）」

為這句話深深折服的我，開始調查麥可喬丹的生平。他在籃壇貫徹信念的生活方式太帥了，使我感動萬分。雖然我無法與他相提並論，但黑人在美國受到差別待遇，使我聯想到日裔巴西人的處境。

此後，我開始對其他人的人生經歷感興趣，於是從自己喜歡的音樂人開始調查，結果發現音樂和運動是殊途同歸，每位成功者背後都有一個共通點：就是他們克服重重難關，並給予許多人勇氣。不管是音樂還是運動，都是在傳達一個人的生活方式。

看完小賈斯汀的紀錄片《永不說不》後，我才有了更深刻的體悟。電影文宣大致上的內容是這樣：「在全美掀起狂熱！全世界最炙手可熱的十七歲少年小賈斯汀。超越《麥可傑克森：未來的未來演唱會電影》（*Michael Jackson's This Is It*）成為史上票房最高的音樂紀錄片！」

雖然小賈斯汀是全球巨星，但他只大我兩歲，還擁有德國、英國、愛爾蘭跟法國等多國血統。小賈斯汀的母親在十幾歲就生下他，在單親家庭長大。當我得知年僅十五歲就出道的小賈斯汀，與自己有著相似的成長際遇時，內心相當衝擊。我也在社會住宅長大，家境貧困還誤入歧途，往後應該會過著坎坷的人生。無論是小賈斯汀的歌曲、人生經歷和話語，都能引起我的共鳴。

我想用最愛的音樂，讓全家人過上好日子。

我想帶給大家勇氣。

我想扭轉自己的人生。

全世界的樂壇有很多人與我處境雷同。反過來說，搞不好也有很多起跑點不如我，卻依然成功的案例。一旦功成名就，生活方式會備受推崇，還能賺大錢——他們的成功案例，給了我莫大的勇氣。

自己始終都在尋求的定位，還有能全心投入的事物——

原來就在舞臺上。

我人生中最想做的是音樂。

我未來的夢想不是當搞笑藝人，而是當小賈斯汀。

於是我告訴父母：「我想成為小賈斯汀第二，想要唱歌、跳舞跟賺錢，然後搬離社會住宅，擺脫貧窮生活，受到日本人認同，還有在巴西開演唱會。」

同一時間，我也得知了巴西球王比利（Pelé）的名言：「成功絕非偶然，它是努力、堅持、學習、研究、犧牲，以及最重要的——熱愛你做的事。」

生在窮苦人家的比利甚至買不起足球和釘鞋，只能用芒果果實練習顛球，最終成為世界上數一數二的足球員。

除此之外，父母說過的話也深深烙印在我腦海，讓我印象最深刻的是，爸爸在我國小五、六年級運動會前夕說的某段話。

對於擅長運動的我來說，運動會是人顯身手的好機會。然而在正式比賽的前兩天，我卻在玩耍時不慎摔斷腿。最後我只能在家中生著悶氣。於是爸爸靜靜地向快氣炸的我說：「Kauan，我明白你想參加運動會。但我希望你記住一件事。人生可能遠比你想中的還要殘酷。雖然你現在覺得骨折很糟糕，但世上還有很多更糟糕的事，明天說不準會出車禍呢。

「所以別浪費時間沮喪，你應該慶幸老天爺只讓你骨折，這樣的心態才能讓你在世上活下去。」

我至今仍會不時想起這句話。雖然它不像喬丹和比利的格言那般勵志，但隨著時間的流逝，這句話在我內心的分量也越來越重。

爸爸是位具有哲學思維，喜歡和諧的人；媽媽則是位直覺力強，貫徹自己信念的人。

換作是爸爸，他絕對無法挺身指控強尼先生的性侵害。

我想自己能跳出來實名露臉控訴，是因為繼承了父母雙方的特質吧。

第三章

成為小傑尼斯

名古屋小傑尼斯

言歸正傳，我想從初次遇見強尼先生，在 Sexy Zone 演唱會清唱〈Baby〉後，被帶往青山大廈過夜之後開始談起。

第二天，我在強尼先生的邀請下前往澀谷的ＮＨＫ電視臺，觀摩《The 少年俱樂部》的錄影。這是一個在 NHK BS Premium 頻道播出的音樂綜藝節目，節目班底清一色都是小傑尼斯練習生。

我和強尼先生觀摩錄影時，Hey! Say! JUMP 的山田涼介就近在眼前。老實說，就連不太熟悉傑尼斯的我，從以前就覺得山田涼介很帥，所以親眼看到本人時我很興奮。他也展現了壓倒性的實力，無論是表情管理、角度還是跳舞唱歌，全都拿捏得恰到好處又無懈可擊。他是我認為傑尼斯中最接近小賈斯汀的藝人，也是唯一為我的表演帶來影響的傑尼斯藝人。我們後來還曾一起拍攝過雜誌。

強尼先生吩咐我：「去跟他講話吧，去打聲招呼也好。」

但走近山田涼介的我，依然猶豫著是否要打招呼。結果 Hey! Say! JUMP 另一位成員有岡大貴留意到做小賈斯汀打扮的我在附近閒晃，於是主動問我：「有事嗎？你是傑尼斯的人嗎？」

「我、我昨天在國際論壇上臺唱歌，目前正在跟強尼先生觀摩錄影。」有岡說了聲「好猛」後笑了出來，一旁的山田也開口說「很有趣」。

我眼看機不可失，順勢補了一句：「我很喜歡山田，你好帥氣。」

「哦！謝謝！很高興聽你這麼說。」

「我可以跟你握手嗎？」

「嗯，好啊。」

山田甚至還勾著我的肩膀，他的反應讓我喜出望外。

他們甚至對我說：「加油，希望某天能在《The 少年俱樂部》同臺演唱。」我頓時成為他的粉絲。

然而好戲還在後頭。

工作人員喊了聲「要正式開錄囉！」前一刻還在談笑風生的山田，便去布幕後方準備出場，在倒數三、二、一正式開錄後，他立刻進入狀況的模樣，實在帥到令人五體投地。

《The 少年俱樂部》的錄影結束後，我拿到了來東京時乘坐新幹線的去程車資和回程車票。由於曾同臺演出的 Sexy Zone 松島聰也要回靜岡，所以我與他搭同班新幹線，回到了豐島。

被強尼先生叫去東京國際論壇的我，就這樣成為了小傑尼斯的一員。

也就是說，二〇一二年二月，我加入了傑尼斯。

✦✦✦

國中畢業後，我進入北海道藝術高中[4]。因為傑尼斯的宗旨是以學業為優先，藝人必須念高中才能進行演藝活動。

其實我當時已經通過了某間知名瑪黛茶的廣告試鏡。那支廣告的合約只有一年，酬勞也很優渥，但成為小傑尼斯後，我也只能拒絕。站在媽媽的立場，她應該會傾向先賺錢再說，但她能體諒我的選擇。

從此以後，我常常會突然被叫去上小傑尼斯的相關通告。

但其他小傑尼斯顯然不喜歡沒受過任何培訓，就突然站在C位（指舞臺正中間位置）唱歌的我。Sexy Zone 的單曲MV〈Real Sexy〉中，佐藤勝利站在正中間，我與後來的 King & Prince 成員岸優太則站在他的左右伴舞，站在我們旁邊的還有神宮寺勇太和岩橋玄樹。

同樣與我在同時期被破例增收的還有平野紫耀。他也是突然出現在 Sexy Zone 的演唱會上，還秀了段舞蹈。平野跟我同樣來自愛知縣，據說他是名古屋舞蹈學校的學生，當初是被老師引薦給強尼先生。

---

❹ 函授制高中：以遠距教學為主，偶而才到學校的教育方式。

後來，來自同間舞蹈學校的福澤侑、平野與我，都參加了 Sexy Zone 的大阪演唱會。強尼先生似乎有意打造三人組合，所以我在那裡獲得了去大阪松竹座劇場公演的機會。

強尼先生打電話跟我說：「雖然ＹＯＵ幾個應該排練很多次了，但春假的那兩周，我會預定好大阪的旅館，ＹＯＵ幾個就在那裡過夜吧。」

大阪松竹座春季公演僅限傑尼斯成員，後來出道的 WEST.（前稱 Johnny's WEST）所有成員，也都在演出陣容之中。其他小傑尼斯都是從自家通勤，只有我們三人從旅館出發，算是特殊案例。唱小賈斯汀成名曲的少年，和因為會跳舞加入傑尼斯的兩位少年，我們三位被稱做「名古屋小傑尼斯」，我站在中間位置，平野和侑則是站在我左右伴舞。

在關西傑尼斯的公演上，突然冒出名古屋小傑尼斯三位不速之客。原本決定好的舞臺位置，也因為我們臨時加入，導致三人被撤換掉，而且還由我們負責開場。面對這個突如其來的安排，關西小傑尼斯可笑不出來。

在小學被視為外來者的回憶也久違地湧上心頭，同時還夾雜著揮別自由的街頭籃球、重返校園時的相似感受。這一切與我想像中的成名之路截然不同，畢竟小賈斯汀不會被要求集體行動。

YOU是黑色

關西小傑尼斯的舞蹈水準高於關東小傑尼斯。平野他們畢竟是舞蹈學校出身，與大阪的舞者同臺演出也沒問題。相反地，我不但毫無舞蹈基礎，還得站在舞臺中間位置。如果是東京演唱會，裡面有很多跟我一樣不會跳舞的小傑尼斯，我姑且還能蒙混過關，可是在大阪我就相形見絀了。

儘管「名古屋傑尼斯」被視為專業藝人，但我連舞蹈術語都聽不懂。

「開場舞就跳自己編的 Two-eight。」

即使編舞師正悟（SEIGO）先生向我下達指示，但我也只能問他：「什麼是『Two-eight』？」

他回我：「你是在跟我開玩笑嗎？」

舞蹈的基本動作是八拍，「一、二、三、四、五、六、七、八」，是一個八拍（One-eight），所謂的「Two-eight」就是數兩個八拍，亦即「二、二、三、四、五、六、七、八」。我連如此基本的常識都不曉得。

大家原以為強尼先生親自推薦的人選會是位狠角色，結果第一天上課，我就被編舞師臭罵一頓，受到關西小傑尼斯的訕笑。我就像個新進的轉學生，上學第一天就搞砸了。

我只好錄下課程回飯店練習，但我跟平野之間存在著壓倒性的差距。雖然我演出曲目的數量只有他的一半，卻必須在開場舞時，理直氣壯的站在中央位置，旁人也紛紛對我投以異樣的眼光：「什麼？那傢伙專挑輕鬆的工作做，卻能站在C位？！」

他們還在不知不覺中，莫名其妙的把我塑造成「Kauan 不想幫其他成員伴舞，只做自己想做的工作」的形象。

由於關西小傑尼斯的活動範圍僅限大阪，不曉得我曾在東京國際論壇演唱會上唱過歌，所以我聽到他們私下議論著：「看得出來另外兩位舞跳得不錯，但站在中間位置的傢伙算什麼？而且還是外國人！」當松竹座的公演接近尾聲時，編舞師連眼神都不願意跟我交會了。

儘管如此，我還是咬緊牙關努力撐過去，還有了第一位粉絲。我在回程路上收到一封粉絲信：「雖然我沒看過你在東京國際論壇的演出，但聽說這件事在粉絲間有引發一些話題。今天看了你的表演後，我就成了你的歌迷。」

直到現在，我還記得那封信的內容。不知為何，國小四年級時，情書被心上人扔入水溝的討厭回憶，與那封信重疊在一起。

就算在公演中，我也能隱約看見觀眾席揮舞寫著「Kauan」的應援扇，原來自己也有歌迷。想到這裡，我也產生了身為藝人的自覺：「我必須在人前展現自己帥氣的一面。」

但結束大阪的公演回到豐橋後，傑尼斯事務所就不再聯絡我了。我等了一個月，依然杳無音訊，等到第二個月，我主動打電話聯絡強尼先生。

「YOU是黑色，雖然不會被染上任何色彩，卻會影響到其他顏色，所以

ＹＯＵ必須站在中間的位置。」

電話另一頭的強尼先生相當生氣。

「但要站在中間位置，起碼也該會跳舞。我聽說ＹＯＵ完全不會跳舞吧，這樣很糟糕啊。」

講完電話後，我陷入了沮喪，跑去找媽媽商量：「我只能去學跳舞了，必須拍練習影片給他們看，否則事務所不會再找我了。」

雖然家中經濟並不寬裕，但媽媽願意替我出學費。我立刻找了豐橋的舞蹈學校，從中挑了兩間去學嘻哈舞和爵士嘻哈舞。

但我當時身體很僵硬，面對陌生的節奏也手足無措，根本無法跳舞，必須先從基礎伸展訓練和節奏訓練學起。當時，我每週去上一堂兩小時的舞蹈課，還天天對著家中鏡子，連續練八小時的舞，並且錄下練舞過程，反覆確認舞姿。經過日復一日地練習，我感受到自己的舞姿日益進步中。

幾個月後，我補習的那間爵士嘻哈舞蹈學校舉辦了一場發表會，我獲得了在中央位置跳舞的機會，當天跳得曲目還正好是強尼先生最喜歡的麥可．傑克森

（Michael Jackson）的歌曲。我把發表會的影片傳給大阪的編舞師，據說正悟先生看到後大吃一驚：

「那位舞者是Kauan？我第一次看到原本舞技如此差勁的人，能夠突飛猛進到這種程度。」

他對此印象深刻，把這則影片轉發給強尼先生，然後強尼先生久違地打電話給我：「明天有場MV的拍攝，你要來東京嗎？」

從此以後，事態有了一百八十度的轉變，我的通告量也開始增加。

演藝圈的震撼教育

後來接到的通告中，有個痛苦的回憶是關於NHK《The少年俱樂部》這個節目，那是我第二次被安派站在中央位置跳舞。

當時離正式錄影還有兩小時，我想還有餘裕去練習唱歌、記舞步和彩排節目問答單元，結果該節目某位女性工作人員突然吩咐我：「你還有兩個單元要參加，六點正式錄影。現在是下午四點，請四點半前往攝影棚，五點到五點半進行彩排。」

我估算了一下，發現這樣自己只有十五分鐘的時間可以記舞步。我是從別的工作地點趕來錄影，不像其他小傑尼斯練習生已經知道要跳什麼舞步了。先前不會跳舞被打入冷宮的慘痛經驗，讓我生怕自己沒時間練舞，當場出糗。我是現場唯一不會跳舞的人，卻站在電視畫面的中央，如果因此又被打入冷宮怎麼辦？

所以我詢問那位女性工作人員：「不好意思，這樣我會沒時間記舞步，請問我該怎麼做？」

我以為現場所有人都是傑尼斯事務所的員工，所以壓根不曉得自己問錯人了。首先，我的個人情況根本不關節目工作人員的事，而且其他人都是爭先恐後的想多上單元打知名度，我的話聽在她耳裡就像不知感恩又愛抱怨。按理說她應該要勃然大怒，但她卻不動聲色地回答：「啊，這樣啊，那我去問問。」

我也信以為真，默默等待她替我調整彩排時間，結果SAM先生把我叫過去，當眾向我怒吼：「喂！你這小子，給我過來！你說不想出場，也不想上單元是嗎？」

「不，我沒說過這種話。」

「你少不識好歹！態度很囂張嘛！」

「沒有，我真的沒這樣說。」

聽到我矢口否認，他把我帶去與剛剛那位女性工作人員對質。

「難道她會說謊嗎？人家特意安排你上單元，這可是人人爭破頭的機會，你說這話是什麼意思？瞧不起人嗎？」

即使我忍不住當場哭了，但勃然大怒的ＳＡＭ先生，依舊怒不可遏吼著：「你哭什麼，臭小鬼！」

儘管那位女性工作人員頻頻打圓場說沒關係，但看她的眼神，我就知道她是口是心非，存心要給我一個教訓。我瞬間感到萬念俱灰，只能連聲向她道歉。

「我真的非常抱歉，對不起。」

雖然ＳＡＭ先生對我說：「你不用出場了，滾回去。」但如果少了我出場，節目長度會不夠，最後我只站在中央位置跳完一首歌，其餘單元的演出橋段全都被刪掉了。

我在錄影結束散場前，去ＳＡＭ先生休息室道歉，他對我說：「你曉得那位工作人員是何方神聖嗎？她可是一手捧紅了山Ｐ（山下智久，前 NEWS 成員）的人。她給了你跟山Ｐ一樣的待遇，山Ｐ照單全收，你卻親手毀掉了自己的前途。

你也心知肚明自己得罪她了吧？你認為自己惹得起這樣的人嗎？想也知道惹不起吧。」

原來這就是成年人的世界；我終於充分領教到現實世界的殘酷。

ＳＡＭ先生斬釘截鐵地告訴我：「所以呢，你已經被《The 少年俱樂部》封殺了，你親自去向強尼先生解釋吧。」

「我知道了。」

後來我才知道，原來強尼先生有拜託那位工作人員特別關照我，所以她才特意安排我上單元，結果我卻親手毀掉自己的大好機會。悔不當初的我，在回家的路上打電話給強尼先生：「雖然想必對方遲早會聯絡您，但其實發生了這種事……」

幾天後，我去強尼先生的家，與十位小傑尼斯們同桌吃飯。

「大家看過來，這傢伙呢，」強尼先生突然指著我。「他真是膽大包天，居然在《The 少年俱樂部》耍大牌，揚言只做自己想做的事。」

雖然強尼先生是用半開玩笑的口吻說著，但其他人聞言後還是嚇了一跳。

「不是的，那真的是個誤會。」我趕緊解釋。

強尼先生繼續說：「這傢伙吃了熊心豹子膽，腦子有問題吧。」然後跟其他小傑尼斯一起笑著。

事實上，《The少年俱樂部》此後整整一年都沒發通告給我。而我也學到了寶貴的一課：「成人的世界不容許你說不。」當別人問你是否辦得到的時候，只能回答辦得到，回答辦不到的下場就是回家吃自己。不過即使答應卻搞砸了，下場也是落入地獄。

於是我深刻領悟到一個道理：「伸頭一刀，縮頭也是一刀。」沒有超越逆境的意志力和實力，就無法在這殘酷的世間存活下來。同時也下定決心，今後無論發生任何事，都要想辦法克服。從某種意義上來說，這也是一場使我的人生從此豁然開朗的震撼教育。

想要更紅，就得上東京

封殺事件過後的某天，我和強尼先生的某次談話中，表示自己想接更多通告。強尼先生回答：「想更紅就得來東京，不過怎樣做都行，決定權在ＹＯＵ手上。」

我先是表示「知道了」，然後決定來個先斬後奏：去了東京後，再通知強尼先生吧。因為我想用行動證明自己的決心。我立刻告訴父母自己的決定，在一週內找到住處後，便隻身一人前往東京，當時是二〇一四年的春天。

我在離東京不遠，房租也便宜的埼玉縣川口市，租了間從車站步行十分鐘就能抵達的單間套房公寓，每月房租為五萬日幣（以當時匯率計算，約新臺幣一萬四千元）。畢竟藝人算是公眾人物，所以媽媽透過英語租屋網，為我挑選了設有自動大門鎖的公寓。

說個題外話，我住在川口公寓時，曾有過某段插曲。

傑尼斯的狂熱粉絲又被稱做「傑尼宅」，在他們的飯圈[5]中，存在很多心照不宣的追星潛規則。不能跑去包含小傑尼斯在內的傑尼斯藝人家，可說是基本中的基本。然而某些被稱為「老鼠屎」的瘋狂歌迷，卻會為了接近喜歡的偶像，視規則為無物。

我從離家最近的車站返家時，會走一條能直達公寓的路。某天，我發現自己被某位女子一路尾隨。很妙的是，光從穿搭就能看出她是位傑尼宅。雖然我剛結束演唱會的工作，但那位女孩卻提了個大袋子，仔細看，還能看見露出袋外的應援扇扇柄。

我猛然回頭，發現她立刻跑進了 Mister Donut 甜甜圈店內。嗯？是我的錯覺

[5] 飯圈：指的是共同喜愛某個藝人的粉絲們形成的組織和團體，「飯」是「粉絲（fans）」的諧音。

嗎？我繼續往前走一小段路，再猛然回過頭看，結果她這次跑進去肯德基。一般人不太可能去完 Mister Donut 後，又立刻去吃肯德基吧？我早猜到她會繼續跟蹤我，結果一如我所料。

雖然事務所規定我們遇到粉絲，一律得採取視若無睹和不理會的態度，即使面對自己的粉絲也一樣，但快到家的我無法坐視不管了，所以回頭問她：「妳在跟蹤我嗎？」

她矢口否認：「沒有。」

「我家對面就是警察局，妳這樣做沒問題嗎？」她聽到後露出驚恐的表情，終於肯死心乖乖回去。

傑尼宅擁有令人嘆為觀止的情報蒐集力。

還有一次，也是演唱會結束後，我與其他小傑尼斯們準備搭電車回家。雖然我們拔腿狂奔試圖甩掉她們，但她們還是一路追到月臺。於是我故意在反方向的月臺等車，等到實際要搭的電車一進站，我就飛也似地衝進對面的車廂。終於成功甩掉了那群女孩，讓我鬆了口氣，搭了約二十分鐘的電車後下車，準備前往下個被臨時通知的通告現場，結果那群女孩們早在那裡等候我了。

她們究竟怎麼來的？搭計程車嗎？而且連我都是剛剛才得知下個通告現場的所在地，她們到底是怎麼知道的呢？

小傑尼斯打工仔

小傑尼斯們通常都住在關東或關西的自家。

像我這種獨自前往東京生活的人很少見。我不但要繳房租，還得負擔交通費跟水電費，生活費動輒十萬日幣（以當時匯率計算，約新臺幣兩萬八千元）起跳，也不能指望父母寄錢給我，自己必須靠打工過活。我去打工的地方有松屋牛丼店跟超商，同時也註冊了人力派遣公司，做過像是工廠品檢作業員、黑貓宅急便等各式各樣的兼職。像我這種小傑尼斯實屬罕見，也因此被傑尼宅戲稱「小傑尼斯打工仔」。

「ＹＯＵ，真的來東京了。」

強尼先生得知後很是欽佩，一口氣為我安排了很多通告。我、神宮寺和岩橋，在東京巨蛋舉辦的演唱會被正式介紹給現場觀眾，耳邊還聽得見五萬人的尖叫聲，但幾個小時後，我卻站在超商的櫃檯上早班，感覺相當不可思議。這麼拼的小傑尼斯，八成也只有我吧。

後來陸續有人在打工場所認出我，甚至還有人拍下我打工的樣子傳到網路上，被戲稱為「超商的小傑尼斯店員」。

我在豐橋時就已經在超商打工，當時我與後來的 SixTONES 成員曾為娛樂雜誌《Myojo》拍攝封面，在我打工的超商也有賣。結果有一群傑尼宅專程來店內買，突然把雜誌放在收銀臺上問我：「可以幫我在這本雜誌上簽名嗎？」

沒有小傑尼斯通告的時候，我會夜以繼日的打工。雖然那已經是我人生打最多份工的時期，但由於傑尼斯會不定時發通告過來，導致我無法配合松屋和超商規定的班表排班，沒辦法長久做下去。

後來我發現，堺搬家公司是最能靈活安排工作時間的兼職。只要打通電話過去，隔天就能上工，而且日薪有一萬日幣（以當時匯率計算，約新臺幣兩千八百元）。雖然這份兼職很累，但我還是獨自扛著冰箱，努力當著搬運工。

至於傑尼斯的通告中，酬勞最高的是舞臺劇，每場公演的酬勞是一萬日幣。早晚兩場演出，當天最多可賺兩萬日幣。如果每天都上臺演出，當月最高還可以拿到六十萬日幣（以當時匯率計算，約新臺幣十六萬元）。但傑尼斯每三個月才匯一次款，因此酬勞有時破百萬，有時卻只有兩萬日幣。小傑尼斯的收入總是很不穩定。有時連續公演一個月就沒辦法打工，所以我難免會有付不出房租，在無計可施下尋求父母金援的情況，日子過得很辛苦。

賺來的酬勞除了負擔生活費外，還要用來償還高中的助學貸款，以及自費進修的發聲練習和舞蹈學校等學費。雖然傑尼斯也有安排舞蹈課程，但都是不定期開辦，而且水準也很低。我甚至還為了後空翻專門去學特技，每個月光是學費就要五萬日幣。

小傑尼斯多半會自掏腰包進修，越是這樣做的人越有前途。只會在學校和傑尼斯事務所來回奔波的人，存在感會日益稀薄。強尼先生是我跟事務所唯一的聯繫管道，所以我被視為事務所管轄範圍之外的人，沒有被編列在小傑尼斯的名單內。換句話說，歸強尼先生管轄的我少了他的特別關照，如果強尼先生沒有開口，是否還能接到通告，端看編舞師的心情。

編舞師是傑尼斯第一線管理者。沒有出眾的歌唱或是舞蹈能力，或是任何突出特色的小傑尼斯，就無法在傑尼斯發光發熱。至於我則是打著「來自巴西」的招牌，有著會說葡萄牙語的獨特人設。

傑尼斯藝人有個特殊現象，就是發專輯出道的人百分百保證會紅。就算是唱歌跳舞都不拿手的小傑尼斯，靠發行專輯出道也能蒙混過關，工作形式也會轉變成由專屬經紀人陪同去上綜藝節目。一般來說在演藝界，藝人是在出道後，才要擔心自己是否能紅起來，但在傑尼斯事務所的情況則是恰好相反。

想從小傑尼斯中脫穎而出的最快捷徑，就是演出電視劇獲得人氣。就算唱歌跳舞都不行，只要透過演出電視劇培養粉絲，甚至還能去上綜藝節目，出道之路也近在眼前，所以演出電視劇是所有小傑尼斯夢寐以求的機會。

而我也得到了這個機會。

出演《麻辣教師GTO》

我告知強尼先生自己來到東京的兩天後，他就打電話給我。看到強尼先生的來電，我還以為自己要去哪邊觀摩，還是有什麼通告進來，結果他帶來的消息，遠遠超乎我的想像。

「YOU，知道《麻辣教師GTO》嗎？」

「我知道，那部電視劇很有名。」

「裡頭有個角色很適合YOU，所以我談好了。」

「咦？什麼？」

「對，已經敲定了，所以加油吧，再見。」

然後他就掛斷了電話。

缺乏真實感的我還處在驚訝之中，但不久後，經紀人就打來通知我拍攝日程。

反町隆史在一九九八年主演的校園劇《麻辣教師GTO》（富士電視臺）曾經轟動一時，於二〇一二年重新拍攝，由放浪兄弟的AKIRA主演。至於我扮演的角色，是立志成為音樂人的學生「大場拓矢」。

舉凡在《麻辣教師GTO》演出學生角色的藝人，後來都星運大開。例如松岡茉優、小芝風花和片寄涼太。代表傑尼斯參與演出的是我和Sexy Zone的菊池風磨。對於上函授高中的我來說，拍攝校園劇的過程簡直就是我全部的青春記憶。

因為每天都要拍戲，我只好減少打工次數。儘管如此，我還是把搬家公司的藍色工作服塞在包包裡帶去現場彩排。於此同時，我留宿在強尼先生大廈的日子也增加了，畢竟拍戲和打工結束後還要返回川口真的太麻煩，此外，我也想盡量多待在強尼先生身邊，尋求源源不絕的工作機會。

邁向出道之路

與《麻辣教師ＧＴＯ》幾乎同時敲定的節目通告是ＮＨＫ的《Ｒ的法則》，這是以國高中生為對象的教育節目。「Ｒ」有調查（Research）和排行榜（Ranking）的含意，主要是以青少年的視角去探討某個新聞或是議題。

被稱做「R's」的青少年班底做出的街訪結果會成為排行榜，其他班底也會基於街訪結果進行相關討論。我是第五期的R's。

當時也是強尼先生打電話給我說：「ＹＯＵ最好也去上個綜藝節目，我事先幫ＹＯＵ打過招呼了。」

雖然這個節目因主持人山口達也先生（TOKIO 貝斯手）的醜聞慘遭停播，但我真的很感謝山口先生。當時只有他發現我滿腹心事，還跑來關心我說：「Kauan還好吧？有什麼困難可以跟我說。」

山口先生會穿著背心從自家慢跑到NHK電視臺，然後洗澡換衣服後再進去攝影棚，是位超注重效率的奇葩。

《R的法則》是我第一個走綜藝咖路線的節目，連漫才組合Panther的向井慧也吐槽過我。

這個節目也會探討雜學知識。某集主題是討論檸檬的效用，分享了「腋下塗檸檬汁可有效抑制狐臭」的生活常識。我在那集戴著檸檬頭套，以檸檬的身分出場，聽說那集收視率很高。

出演日劇《麻辣教師GTO》和當紅綜藝節目《R的法則》的二〇一四年，是我的事業巔峰期。

經紀人也開始會和我定期聯繫，手頭的通告量也暴增。我會在前輩偶像團體的演唱會亮相，也有較多機會以特別來賓的身分唱歌。尤其是參與《麻辣教師GTO》和《R的法則》這兩個通告後，我與經紀人的交流變得更頻繁了，也被納入事務所的管轄名單內，可說是意義重大。

在時來運轉後，周圍的小傑尼斯對我的態度也有了一百八十度的大轉變。過去他們從不跟我打招呼，但現在卻會開始主動約我去吃飯逛街。

住家裡的他們，過著無憂無慮的生活，雖然都是十來歲的學生，卻能隨心所欲地使用賺來的酬勞。如果拿到七十萬的酬勞，他們會去買條價值約三十萬日幣的克羅心（Chrome Hearts）項鍊，或去吃高級燒肉店。他們的世界令我大開眼界，卻也難以融入，畢竟就算跟他們出去，我也買不起昂貴的衣服。

隨著常規通告增加，我逐漸覺得自己不太可能被開除了。話雖如此，我也不曉得何時才能發行專輯正式出道，也很怕隨時會失去工作。所以就算手頭存了大約二十萬日幣，也不敢學他們大手大腳的花錢。畢竟我得繳房租，也難保自己下個月是否會接到工作，或是能打多少工。

小傑尼斯的通告，基本上只有支援傑尼斯前輩們的演唱會，還有小傑尼斯演出的節目兩種，因此若能承接傑尼斯事務所以外的通告，等於領先了大家一步。畢竟只有無可取代的存在，才能代表傑尼斯出面接通告。此外，接外部通告還能引起非傑尼斯粉絲的觀眾注意，提升自己的知名度。換句話說，也是小傑尼斯開始邁向出道之路的最後階段。

如此一來，我的想法也產生了變化。

與出道組合共同行動後，我捫心自問著：「這是我想要的生活嗎？」努力奮鬥了一年後，接近二〇一四年的尾聲時，我開始覺得只要維持現狀下去，自己勢必能出道。

唯一美中不足的是，我從事的演藝活動中，音樂的比重偏低。

第四章

YOU

大廈和泳池

我至今還留著強尼先生青山大廈的門卡。

只有少數獲得強尼先生青睞的小傑尼斯練習生，才能拿到他家的門卡，而持有門卡的人，可以說最終都會出道。

小傑尼斯們進行《The 少年俱樂部》等節目拍攝時，會在NHK電視臺彩排室排練，距離青山大廈只有幾步之遙。我曾在第一章提過，強尼先生的大豪宅是由大廈頂樓的兩戶打通而成，室內有巨型圓柱魚缸、按摩浴缸、KTV室、備有遊戲機的家庭視聽室等。看在當時十來歲的我們眼中，簡直像是個夢幻天堂。

在他家待了幾天後，強尼先生給了我門卡。

「ＹＯＵ收下吧，想過來的時候就過來。」這裡有個不成文的規定，持有門卡的人就表示可以隨意出入他家。

如果去他家的人太多會沒地方睡，因此沒門卡的人想去「豪宅」，必須先透過打電話的方式（不能傳訊息），事先徵求強尼先生的同意，當然也難保不會吃閉門羹。因此他們經常拜託強尼先生偏愛的「愛寵」，也就是持有門卡的小傑尼斯，去向強尼先生美言幾句。

聽說強尼先生由於拷貝太多張門卡，遭到大廈管理人員警告，後來就改成好幾個人輪流使用同張門卡。

我是在聽從強尼先生的建議下來到東京後，才拿到門卡。

強尼先生的大廈位在三十四樓，可從窗戶一覽代代木公園和澀谷街道。他還買下了澀谷ＮＨＫ附近帶私人泳池的商業大廈頂樓。那裡正對公園街道，旁邊有間家庭餐廳。為了與「豪宅」區分，小傑尼斯們將這裡稱為「泳池」。強尼先生喜歡的人也會拿到「泳池」的門卡，門卡持有者不但能自由進出宅邸，還能去泳池玩耍。

青山大廈的客廳有臺望遠鏡，可看見位於五百公尺外的澀谷「泳池」。強尼先生偶爾會看著望遠鏡喃喃自語：「今天是誰和誰過來？」有時看到小傑尼斯們在泳池嬉鬧的模樣，還會氣呼呼地說：「啊啊！真是太胡鬧了。」然後他會邊看著望遠鏡，邊打電話去罵人：「ＹＯＵ幾個，不可以這樣，今天不准用泳池。」

某天，澀谷泳池大廈內的電視壞了。我在探聽下得知，前陣子那裡發生了偷竊事件。原來有個白癡小傑尼斯，想趁強尼先生不在家時偷走家具。就在他拔掉電視插頭，抱走整臺電視機的時候，強尼先生無預警地回家了。害怕被發現的他，居然在門打開的瞬間，連人帶電視機一起跳進了泳池。雖然我不曉得那位竊賊是誰，但我覺得他超蠢。

還有小傑尼斯趁強尼先生不在家，帶女生去那裡玩，結果太過吵鬧遭到附近居民投訴。因為諸如此類的事件頻頻發生，某天強尼先生突然不准大家去了。連我也只去過泳池一兩次而已。

在我的印象中，能自由進出強尼先生家的小傑尼斯，是他眼中的「一軍」，能去泳池則是「二軍」，是一種還不夠格去他家，但起碼能去泳池的感覺。而二軍成員內不乏不良少年，所以也比較容易惹事生非。

「Kauan，早點睡吧。」

說真的，在進入傑尼斯事務所前，我對於強尼先生會對小傑尼斯伸出狼爪的傳聞一無所知。

但我第一次見到強尼先生，住進他家的那天，就已經隱約感受到周遭躁動不安的氣氛。

因為傑尼斯先生揉我肩膀時，其他小傑尼斯突然驚呼連連。我完全不曉得這是什麼意思，儘管我事後追問，但他們只回我：「沒什麼……他揉你肩膀。算了……你加油吧。」

雖然我隱約感覺事有蹊蹺，好像有什麼必須克服的困難，但我依然沒有特別害怕，還天真的以為「應該有什麼測試」吧。畢竟其他小傑尼斯們也都通過了考驗。我第一晚能夠全身而退，八成是因為我與媽媽講了整個晚上的電話。

事後出於擔心，我自己有上網搜尋，我才得知強尼先生疑似會對小傑尼斯伸出狼爪。雖然強尼先生的確有點詭異，但我並不清楚具體他會做到什麼程度。

會是輕微的肢體接觸，還是性騷擾呢？抑或是更嚴重的，例如強暴呢？沒有同性戀經驗的我完全無從想像，也抱持著半信半疑的態度。

✦✦✦

我在二〇一二年二月加入傑尼斯不久後，就發生了那件事。

那時候，我結束東京的通告後，和其他小傑尼斯一起去住強尼先生家。

大家通常會在結束拍攝後去他家。我們會先在外頭吃飯，或是直接去他家叫外送吃，差不多都是在晚上八、九點時抵達他的豪宅。

強尼先生在家時往往是在打電話、看報紙或電視，有時也會跟我們聊上兩句。

但基本上他的話不多，感覺只是人也在現場而已。他也經常待在自己房間，偶爾會外出洽公。其實強尼先生不在家時，他家更像是男校，所有人都玩得很開心。

此時他已年過八十，或許是體力有限的緣故，他會在十點或十一點就寢，只不過是睡在沙發而不是床鋪。由於他很淺眠，所以半夜就會醒來開始活動，直到凌晨兩點才回房就寢。

這天，我坐在客廳，和其他小傑尼斯們一起吃著外送來的晚餐。此時強尼先生走過來，邊按摩我的肩膀說：「大家早點睡吧。Kauan，早點休息。」

難道是外國人的名字很好記嗎？我加入事務所成為小傑尼斯還不到一個月，他就記住了「Kauan」這個名字。

事後想想，這是他鎖定目標的暗號吧。

其他小傑尼斯聽到後，應該也心知肚明我是他今晚的目標。

當晚我睡在離強尼先生很近的房間。因為其他人告訴我，被強尼先生催去睡覺的人，必須睡在他臥室附近的房間，否則他第二天心情會很差。那間房內有三張床，其他小傑尼斯也睡在床上。

強尼先生半夜醒來後，會在家裡走來走去。他會拉上窗簾，關掉開著的電燈和電視，替小傑尼斯蓋被子等。他在巡視是否有小傑尼斯還沒睡著。聽到那些窸窸窣窣的聲響，就明白他開始整理環境了。於此同時，等待強尼先生來到房間的期間，是如此的漫長。

躂躂躂躂、躂躂躂躂。

大家好夢正酣之際，走廊上傳來拖鞋的腳步聲。強尼先生在家都穿拖鞋，可想而知腳步聲的主人是誰。接著腳步聲在我睡覺的房門口停了下來。

不會就是今天吧？

輾轉難眠的我這樣想著，一顆心也跳到快爆炸的程度。不一會兒，門被打開，走廊的光線也照進了房間。我想強尼先生關窗簾的巡邏期間，早就摸清楚大家睡覺的位置。他在昏暗的燈光下直直走向我，然後腳步聲戛然而止。

他從床腳爬上床，掀開我的棉被，躺在我的腰際間。我的浴衣下擺很快就被拉開。他用皺巴巴的手直接撫摸我的身體，按摩著我的雙腳。

嗚哇，傳聞是真的。這樣不太妙吧？！

但也許按摩完就結束了吧……

然而這抹淡淡的期待很快就破滅了。

他的雙手慢慢往上游移，透過三角褲撫摸我的下半身，然後輕而易舉地脫掉了我的內褲，我想這也是他家提供的內褲總是很鬆垮的原因。

我當時已做好心理準備了。他先撫摸我的生殖器，再來是用嘴……

儘管我沒有往下細看，但我當然能感覺到他在為我口交。幸運的是，我先前已跟女性有過初體驗，總比初體驗就獻給強尼先生的小傑尼斯要來得好，我也只能這樣安慰自己。

雖然感覺很噁心，但我還是竭力忍耐著。我既沒有緊張，也沒有渾身僵硬，只是拼命在裝睡，就算雙腿被移動，也不敢放回原位，繼續假裝自己是真的睡著了。

也許旁人很難理解，但遇到這種情況，佯裝自己不知情比較輕鬆。我不想讓強尼先生覺得知情卻沒有抗拒的自己，是在「允許」他的行徑。

而且事後如果被問起，當時在裝睡的我，就可以用「有嗎？」、「我不知道」

來裝傻搪塞過去。

總之，強尼先生的牙齒弄得我很疼，導致我遲遲射不出來，他中途甚至還含著我的生殖器睡著了。但沒過多久，他又開始動起來。這段期間我有故意翻身，想藉此讓他打退堂鼓，可他依舊不死心。

該怎麼辦才好呢……我靈機一動：不然我來看A片吧。

於是我用推至床鋪上方的棉被蓋住耳機和手機，開始偷偷看起A片，我想他應該沒有發現。雖然強尼先生鑽進我被窩到離開，實際上只有一小時，卻難捱到活像是過了四個小時。

我在射精後，強尼先生一口吞下，然後走向隔壁盥洗室。正當我還在納悶他要做什麼時，只見他慢條斯理地用漱口水漱了漱口，刷完牙後就離開房間。

我打開窗簾，窗外的天色已開始泛白。

總計十五到二十次

我先是慶幸自己最起碼熬過了今晚，然後開始感到疑惑：強尼先生究竟在想什麼……

我也不記得自己後來是否很快就睡著了。

起床後我來到客廳，周圍的小傑尼斯們還問我：「有被怎樣嗎？」大家理所當然地談論著各自被侵犯的經驗。看來很多在他家過夜的小傑尼斯們，早已慘遭強尼先生的魔爪。

「早安。」

強尼先生出門上班前，還向我打了聲招呼。反正我在整段過程中都是「熟睡」

的狀態，所以也沒什麼好尷尬的。

「ＹＯＵ要去哪邊工作？」

「我今天沒行程。」

「那我們一起出門吧。」

我們邊交談邊走進大廈的電梯。進入電梯後，強尼先生遞給我一張折得很小的一萬圓紙鈔。我早已聽說大家在事後都會拿到錢，果然所言不假。但除了這種時候外，強尼先生也會經常給我零用錢。他會用發零用錢的態度對我說：「ＹＯＵ，拿著吧。」

那天我直奔車站，搭乘新幹線回到豐橋老家。

從此以後，我就寄情於工作來忘卻此事。

只要專注於眼前的工作，就不用去想這件事。而且傑尼斯的工作多半很辛苦，所以我難免也有「與工作相比，被性侵好像也沒什麼大不了」的心態。

我與強尼先生自然也越走越近。不可思議的是，我也逐漸不再害怕他的侵犯，還會私心期盼強尼先生為我安排工作。自從我二〇一四年來東京後，就拿到大廈的門卡，還敲定了電視連續劇的演出，我心知肚明自己有得到強尼先生的歡心。

強尼先生是好惡分明的人，即使有些小傑尼斯獲准到他家，他也不見得會理睬，甚至還視對方為空氣。遭受這種待遇的小傑尼斯，會尷尬到不敢再上門。即使他心血來潮的告訴對方可以過來，但對方真的過來後，他也不理不睬。有時強尼先生和我在一起的時候，傑尼斯事務所剛好來電，他會先看是誰打來的，有時就乾脆不接。強尼先生的心情瞬息萬變，時而異常溫柔，時而情緒惡劣。

遇到他替我口交我卻沒射精的情況，他的心情會格外惡劣。即使見到我也不跟我講話，就算我主動找他講話，他也會擺出「我很忙」的態度。至於箇中原因……我想男女間也是如此，自己無法讓對方達到高潮的感覺很糟糕吧。我想強尼先生也有這樣的一面。

他也從未在侵犯過程中吻過我。我事後輾轉得知早期有人被他吻過。到了我的時代，他的進攻範圍基本上僅限下半身。據說早期也有小傑尼斯被他肛交，但我從未遭受過如此嚴重的侵犯。儘管曾在他家看過假陽具跟潤滑液等道具，但他從沒用在我身上過。

老實說，被多次侵犯後，我也開始麻痺了。

說來奇怪，我甚至還會覺得，只要有射精就行了吧？因為這會讓強尼先生心情變好，不會露出平時陰陽怪氣的態度，也能拉近彼此間的距離。或許對強尼先生來說，與自己發生關係的對象射精，會帶給他願意敞開心扉的安心感吧，這點無論男女都一樣。

儘管我是性侵受害者，卻也很同情強尼先生。

強尼先生可能有自卑情結。我從網路的某篇報導得知他父親是真言宗的和尚，個性相當嚴厲。儘管有這樣的父親，但他卻懷揣著戀童癖和同性戀等見不得光的祕密，個頭又相當矮小。與現在不同的是，早年同性戀並不見容於社會。我想這就是為什麼雖然強尼先生曾獲頒金氏世界紀錄，擁有極高的名聲，但他絕不出現在公眾視線之中。會塞錢給受到侵犯的小傑尼斯，是否也是因為缺乏自信，對對方感到過意不去呢？

我待在傑尼斯事務所的四年間，去強尼先生家不下百次。他的侵犯行為不是每次都有。有一次我忙到懶得回家，去他家住一週時，曾連續兩天遭到侵犯。

住在大阪帝國飯店時也一樣。遇到像演唱會、舞臺劇等巡演活動的時候，強尼先生也會到場。他會跟著我們四處寒暄打招呼。然後在收工吃完飯後對我們說：「那就去飯店吧。」

那天，我與另外兩位傑尼斯成員住在三人套房。強尼先生走進最裡面的房間，吩咐我們：「兩個人睡特大雙人床。」於是我跟那位小傑尼斯照做了。我當時還以為強尼先生今晚應該不會過來，結果一到半夜，他果然還是來了。

其實我有偷錄下性侵過程來自保。遭受第一次侵犯後，我就興起了這個念頭。我下載了名叫「夜視相機」的手機ＡＰＰ，錄下了自己被第二次侵犯的過程。雖然光線昏暗導致畫面很模糊，但依然有清楚拍下強尼先生的臉。

截至目前，我還不打算向第三方公布這段影片。我不只把影片存在手機中，還備份在很多地方，目的是以防萬一，作為最後的手段。

我不太確定最後一次侵犯發生在何時，但應該是二〇一四年底，在我滿十八歲的那年。儘管部分輿論聲稱強尼先生病倒後就不良於行，必須靠輪椅移動，但當時的他，依然能正常行走。雖然二〇一三年他就不再自駕，但他應該是在二〇一六年，也就是我離開傑尼斯的那年開始坐輪椅。

總而言之，我總共受到十五到二十次的侵犯。

對強尼先生的複雜情緒……

即便如此，我依然對強尼先生心懷感激。

聽到這裡，大家難免感到疑惑：「為什麼要感謝他？何必尊敬性侵犯？」但我沒有被他誘姦或是洗腦。

強尼先生對於未成年少年做出的行徑，是身為人都不可原諒的犯行。性侵犯的確是罪大惡極，但我覺得人無完人。人有好的一面，也有壞的一面；有光明的一面，也有黑暗的一面，是相當複雜的生物。

或許拿受虐兒來舉例，大家會比較好懂吧。雖然他們遭到父母虐待，但養育之恩難道能就此一筆勾銷嗎？兩者無法混為一談吧。更何況站在受虐者的角度，自己的父母遭到全盤否定，往往也會產生「我是爛人的小孩，身上有糟糕的基因」的心態，連帶也會否定了自我。

簡單來說，強尼先生改變了我的人生，我也從傑尼斯事務所的短暫演藝生涯中，體認到娛樂的本質。

一個十五歲的鄉下少年突然被叫來東京，站在眾多觀眾面前表演，這是絕無僅有的經驗。這是只有傑尼斯才會有的特殊待遇，而強尼先生是一手打造傑尼斯帝國的天才製作人。

撇開強尼先生性侵的行徑不談，他在很多方面的表現都相當傑出，而且完全沒有架子，用一般的態度與我們相處。每當我看到別家老闆擺出高高在上的姿態時，都會暗自覺得那人真是器量狹隘，因為我見識過強尼先生有多麼優秀。

所以我無法全盤否定他。無論別人怎麼說。

第五章

退出傑尼斯

無法寄望於團體出道

二〇一四年的我已年滿十八歲。雖然有在承接電視臺和舞臺劇的通告，但我有預感，如果自己二十歲前還沒正式出道，就會無法脫離小傑尼斯，演藝事業的發展也會受到延宕。

傑尼斯的出道組合有兩種模式，其一是像 Sexy Zone 從零開始組成新團，其二是像 Kis-My-Ft2[6]，讓既有的當紅組合直接出道。

至於我的情況是，身為小傑尼斯，我的活動增加了，也與平野紫耀、神宮寺勇太和岩橋玄樹四人組成團體「Sexy Boyz」，同時也會接其他通告，但我的定位還是相當模糊。

於是我內心也產生疑問：要把人生賭在組合上嗎？即使是同一團體，每位成員都有各自的想法。有人對未來深思熟慮，也有人想得很簡單，認為只要能出道，怎樣就好。

何況團員的實力也有所差異，我開始質疑傑尼斯事務所的做法，覺得不能把人生寄託在團體上。為什麼非得拘泥於團體不可？想登上國際舞臺，單飛不是更好嗎？我覺得如今的自己就算單飛，也能報答強尼先生的恩情。

隨著小傑尼斯的通告增加，我也看到了傑尼斯事務所的極限。就算通告變多、人氣看漲、順勢出道，也始終走在同樣的道路上。

上綜藝節目、拍電視劇，偶爾創作音樂，這是我想從事的人生志業嗎？在反問自己後，我得到否定的答案，這與自己成為音樂人的初衷背道而馳。

❻ Kis-My-Ft2：於二〇一一年正式出道，由千賀健永、宮田俊哉、橫尾涉、藤谷太輔、玉森裕太、二階堂高嗣、飯田恭平、北山宏光組成的傑尼斯偶像男子團體。以表演時加入溜冰舞元素而聞名，並創下出道後最短時間登上東京巨蛋開唱的紀錄。

我該如何離開傑尼斯事務所的舒適圈，飛往小賈斯汀的國際舞臺呢？首要之務是向世人展現自己的音樂創作水準。想到這裡，我決定創作原創歌曲。

然而，作曲並非一蹴可幾，我在他人的輾轉介紹下，認識了作曲家咲名（SAKINA）先生。我向他描述了一段自認能與國際接軌的旋律，請他編曲給我。收到曲子的那天，我恰好在強尼先生家。我聽過旋律後相當喜歡，立刻想到了歌詞。由於現場沒有錄音器材，我只能播放旋律，連同哼唱內容直接錄下來。

這就是〈Fantasy Dance〉的創作過程。由於我的目標是打入國際市場，所以我先用葡萄牙文寫歌詞，再翻譯成英文，最後是日文。我用同個旋律錄製了三個語言版本。

MV也是我一手策劃。一般而言，拍攝MV少不了製作人、導演、服裝師等工作團隊，但這支MV的工作團隊，只有主角兼導演的我和攝影師兩人。我準備了舞者和演員，現場由我發號施令，在代代木公園拍攝。一般來說，拍攝MV通常需要三個工作天，但我深知如何運用角度在鏡頭前展現最完美的一面，所以一天內就完成了拍攝。

然後我又寫了一首歌。想躍上國際舞臺，除了多國語言外，舞蹈和歌曲的水準也不可少，這也是我正在克服的難題。此外，我認為成為國際巨星的鐵律，是擁有一首能用鋼琴優雅地自彈自唱的歌曲。〈Fantasy Dance〉有著琅琅上口、容易讓人跟著唱的副歌，所以另一首歌，我想呈現如披頭四（The Beatles）的〈Let It Be〉和麥可．傑克森（Michael Jackson）〈We Are the World〉這類抒情名曲的印象。

於是我請咲名先生再寫一首曲子。因為我不會彈鋼琴，所以請他錄下自己彈鋼琴的手勢，我再練習模仿。這首〈無限的愛〉是我唯一能自彈自唱的歌曲，連ＭＶ也是在錄音室拍攝。

當這兩首歌和ＭＶ都完成後，我深信會大受歡迎，也信心滿滿的覺得強尼先生看過後，肯定會為之驚豔。

不能開設 YouTube 頻道

我寫了封信給強尼先生，信內大意是說想將兩首歌上傳到 YouTube，單飛走向國際舞臺。我拿著那封信和一片DVD，裡面燒錄了三國語言版的〈Fantasy Dance〉和抒情歌〈無限的愛〉PV，走進強尼先生的房間。

正在看電視的強尼先生語帶調侃的說：「這孩子又來了。Kauan，這次又有什麼事？」我只是簡單說了一句：「請過目。」然後將寫著《Kauan 前進世界計畫》的褐色信封放在桌上，便離開了強尼先生的大廈。結果不到十分鐘，我就接到了強尼先生的電話。

「YOU，我正在看，這是誰拍的？」

「是我，我自己製作的，你看過那封信了嗎？」

「還沒看。自己製作是什麼意思？太厲害了吧？能回來一下嗎？」

聽到他這麼說，我急忙返回大廈。

我對強尼先生說：「我想把ＰＶ上傳到 YouTube 上，單飛出道走向國際舞臺。」

「不錯，很不錯呢。」強尼先生點頭說：「我去事務所一趟幫你提案。」就拿著ＤＶＤ和那封信離開了大廈。

兩小時過後，我接到了壞消息。

「事務所拒絕了，無論是單飛還是把影片上傳到 YouTube 都不行。」

雖然強尼先生很是沮喪，但接到這個噩耗的我更沮喪。

雖然他親自出面替我向事務所爭取，但事務所方都持反對意見。即使傑尼斯事務所的社長同意，我還是無法出道嗎？

我也是在此時興起退出傑尼斯的念頭。

我從十八歲起開始嘗試自己作曲、練鋼琴，一邊接傑尼斯的工作通告之間，抽出時間拍自己的ＭＶ，整整花了我一年的時間，才將自己嘔心瀝血的成果交給強尼先生。此時的我也即將年滿二十歲，在過去的人生，我始終被父母和強尼先生的意見左右，但成年後只能靠自己做決定，而我也想開始按自己的想要的方式生活。

提案被駁回的強尼先生在返家後安慰我：「ＹＯＵ真的很了不起，想必能成為明日之星，讓我想到了赤西仁（從 KAT-TUN 退團後，在美國和日本單飛出道的前傑尼斯藝人）。」

「ＹＯＵ在信中提到想二十歲出道，只剩半年的時間了。」

我在給強尼先生的信中曾提到，若是被拒絕，那我會憑一己之力走向世界。其實我不想離開傑尼斯事務所，想以傑尼斯藝人的身分登上國際舞臺。但傑尼斯事務所不同意我的做法，今後我不論做什麼，都不是我想走的路。

強尼先生也很煩惱。那時的他，感嘆自己時日無多的頻率也增加了。

「我覺得關於 YouTube 的想法很好，但也不曉得自己還能活多久，ＹＯＵ就自己決定吧。」

我當天在六本木有通告，抵達現場的彩排室後，ＳＡＭ先生單獨找我談談。

「強尼先生有極力幫你提案。我們也看了你的ＤＶＤ，確實拍的很棒，也能理解你的心情，但強尼先生很忙，我希望你別再做這種事。因為他人很好，會為你去奔走。」

「好的。」我乖乖聽他說話。

「你想走阿仁（指赤西仁）的路線吧。KinKi Kids（近畿小子）和阿仁都曾提過想經營 YouTube。最後 KinKi 選擇繼續留在事務所，而阿仁離開了。你會做出哪種選擇呢？」

聽到這番話，我瞬間像是洩了氣的皮球般失去了幹勁，同時也領悟到：「如果現場負責人都這樣想，就代表不可能了。」

東京即將在二〇二〇年舉辦奧運，我原本計畫利用這個大好機會，從東京走向國際。繼續留在傑尼斯，也許可以組團出道。但條件是無法單飛，也無法透過 YouTube 走向國際市場。我覺得兩者沒有好壞之分，而是想法和方向的不同。

YOU真是太扯了

二〇一六年八月的某天，在六本木工作的我，思考著自己的人生。

以支援各個偶像團體巡迴演出為主的諸多通告，被接二連三地敲定。我深刻地意識到今後只會更加忙碌，內心的倦怠感也越演越烈──這果然不是我想做的事。肩負的任務越多，責任也越重大。我必須盡快做出決定。事後想想，也許我當時有點操之過急了。

在普羅大眾的眼中，傑尼斯事務所給人獨裁的印象，一切都是強尼先生說了算。但事實上，我認為強尼先生的決策權只佔一成左右。其餘九成都是事務所基於整體動向，來決定旗下藝人們的定位。說到底，幾乎是隨事務所當下的心情而定，傑尼斯事務所就是這樣的地方。

我重新在腦內模擬各種情況：二十歲從傑尼斯出道，三十歲像嵐一樣擁有自己的節目……

即使用組合的身分出道，演藝之路究竟能走多遠？

我最後做出的結論是：絕對超越不了SMAP和嵐[7]。

隨著時代變遷，韓國流行音樂（K-POP）紅遍全球，所以更應該要善用YouTube宣傳，但傑尼斯卻無意這麼做，這樣根本超越不了韓國流行音樂。

我也思考過收入問題。雖然無從得知此事真假，但根據事務所的內部傳聞，中居正廣的年收入約為數億日圓。

---

[7] 為傑尼斯最知名的團體之二。SMAP於一九九一年正式出道，由中居正廣、木村拓哉、稻垣吾郎、草彅剛、香取慎吾組成的傑尼斯偶像男子團體，是傑尼斯事務所中活動時間最長的組合，被譽為「日本國民天團」。於二〇一六年宣布解散。

嵐（Arashi）則於一九九九年正式出道，由大野智、櫻井翔、相葉雅紀、二宮和也、松本潤組成的傑尼斯偶像男子團體，在戲劇、綜藝、音樂、主持上都有全方位的表現。於二〇二〇年宣布休團。

老實說，與年收入為百億日圓的小賈斯汀相比，真的很低。

而且中居先生主要是從事主持工作，所以我很難將他的情況代入自己的未來。

「那我待在這裡，究竟是為了什麼？」

「感謝」是唯一的答案。無論是傑尼斯事務所的栽培，還是在茫茫人海相中我的強尼先生，我都心存感激。

為了報答他們對我的恩情，本來從傑尼斯出道是最好的做法。但我已經可以想見出道後，演藝活動主要是上綜藝節目和演戲，無法創作音樂。雖然會發行歌曲，但都是跟成員合唱；雖然會為演唱會創作個人單曲，卻不會上市發行，也不能上傳到 YouTube 讓更多人聽到，只有傑尼斯的粉絲們才聽得到。

我也想過如果先出道再退出傑尼斯事務所呢？然而，即使靠傑尼斯的光環累積歌迷後再退出事務所，依然擺脫不了傑尼斯藝人的刻板印象。

我有種強烈的預感：「今天不下定決心的話，只會一拖再拖。」

那天我工作到晚上九點，內心猶豫著是否要去強尼先生的青山大廈。換作平常，我都是搭地鐵或是公車過去，但今天我打算用走的。我也對自己暗自許下承諾：在抵達大廈打開強尼先生房門之前，用這段三十到四十分鐘的路程好好思考，如果自己想一生追隨傑尼斯事務所的意願不到一百%，不對，是不到一二〇%，就退社吧，內心有一絲一毫的動搖都不行。

我從六本木走到西麻布的十字路口，再經過南青山，每走一步，想法也變得更加明確。抵達大廈後，我打開強尼先生的房門，直接去找他談話。

「強尼先生，打擾一下。」

強尼先生雖然已經去睡了，還是問：「怎麼了？」

「我想退社。」我說。

「咦？」

「我要離開事務所。」

「嗯，我想也是，Kauan 果然還是要離開。」

「沒錯，我想獨自經營 YouTube 頻道。」

「那首歌不錯，ＹＯＵ還是想公開吧。」

「我會以前傑尼斯藝人的身分放手去做，直到讓事務所的人求我回來。」

強尼先生聽到後，只回了我一句：「ＹＯＵ真是太扯了。」

他的回應正如我所的預期。我想他口中的「太扯」，應該同時有著「很厲害」和「很奇怪」兩種含意。

少了傑尼斯的招牌，在日本單飛出道是很困難的事，就算強尼先生無意為難我，我也難逃被封殺的命運。假如無法在日本從事演藝活動，我想我乾脆在巴西和美國展開活動，再從國外紅回日本吧。

「是嗎？這就是ＹＯＵ選擇的道路。」他虛弱地說，「畢竟我也時日無多了。」即便在這種時候，強尼先生也在說喪氣話，最後他只說：「我會先聯絡你的經紀人。」

我走出強尼先生的房間後，看到約十位小傑尼斯聚在一起，他們異口同聲地問我：「什麼？Kauan 要退出嗎？」

聽說強尼先生那天把我被事務所駁回的ＤＶＤ播放給他們看，還稱讚我很厲害，所以大家都知道我的「前進世界計畫」。

「Kauan 真的要邁向國際舞臺呢，雖然你離開後大家會很寂寞。」

「我已經下定決心了。」

我與小傑尼斯們的關係很像是剛好同校的同學，有些人和我處得來，也有處不來的人，還有雖然彼此認識卻很有距離感，像是隔壁班同學般的存在。

那天作為 King & Prince 組合出道的岸優太也在場。我加入傑尼斯的第一天跟最後一天他都在。我們其實很像，都想靠歌唱來一決勝負，所以我們經常一起在強尼先生家的ＫＴＶ室，一起練唱 KinKi Kids 的歌曲。

我在強尼先生家只待了約十分鐘，站在玄關和大家聊了幾句，說了聲「大家辛苦了」，便轉身離開。

在回家的路上，我感到神清氣爽，自己再也不用處處顧慮他人。往後的際遇無論是酸甜苦辣，都不能怪別人。從現在起。我要積極向前衝。我一心認為自己絕對辦得到，所以內心絲毫沒有不安。這份感覺直到現在都沒有改變。

那是我人生中最棒的夜晚。

二〇一六年八月，二十歲又三個月的我離開了傑尼斯。

初訪巴西

傑尼斯在巴西也很有名，在我還是傑尼斯藝人的時候，曾有當地的新聞媒體想採訪我，卻被傑尼斯婉拒了，據說是經紀人擅自回絕的，這點也是我對事務所反感的原因之一。

退出事務所後，媽媽告訴我：「有位巴西製作人透過臉書想聯繫你。」所以我才想去巴西闖蕩看看。我動用了在傑尼斯賺到的錢，還有退社後跑去酒吧等地打工的酬勞，籌措了一筆旅費。

二〇一六年十一月，是我人生首度前往巴西，同時也是人生第一次出國跟坐飛機。我買了張最便宜的機票，預計要轉機三次，花三十二個小時才能抵達。雖然遠得要命，但我的幹勁超越了一切。

剛抵達聖保羅（São Paulo），我的內心就湧動著一股難以言喻的感動。我對於巴西的認識，僅限於日本的巴西住宅區。但是在巴西，所有人都跟我講相同的語言，跟日本截然不同。

雖然巴西的馬路相當顛簸、治安也差，但感覺卻很自由，頓時覺得就算自己獨自一人，也絕對能夠在這裡活下去。

我能用葡萄牙語溝通，獨自旅行也沒有問題。

此趟巴西行有兩個目的，第一個目的是跟當地音樂人見面，相信他們只要見到我，很快就能明白我的潛力，如果還能順勢與唱片公司簽約是再好不過。

至於第二目的則是探親。我與爺爺奶奶只在日本見過幾次面。爸爸的老家很遠，必須再從聖保羅搭飛機過去。當我千里迢迢來到爸爸土生土長的老家，在翻閱家族相簿後，深切感受到此處與自己深厚的根源，那時的感受只能用「熱血澎湃」四個字來形容。

我後來在聖保羅的親戚家住了三個月左右。在看過當地的歌唱節目後，我明白自己會在此掀起旋風。於是我親自前往電視臺，展現自己的歌曲和舞蹈，結果獲得一致好評，大家紛紛表示「太棒了」、「沒想到居然有那麼厲害的巴西人」、「絕對會大受歡迎」。

不同於在日本，巴西給了我充分的身分認同。當我向他們說明巴西當地盛行的韓國流行樂，是基於傑尼斯的基礎之上發展，他們相當感動。

曾於一九八〇年代風靡中南美洲和美國的男孩偶像團體梅努多（Menudo）製作人對我說：「你絕對能成為大明星，我們馬上簽約吧。」他在巴西樂壇的地位相當於日本樂壇之於強尼先生，而想法也跟傑尼斯一樣保守，礙於這點，我鄭重婉拒了他的簽約。

我想還是在加入經紀公司和唱片公司簽約前，先以個人活動掀起一波話題吧。

二〇二〇年奧運將在日本東京舉辦，在全球為之瘋狂的時刻，巴西出現岡本 Kauan 這顆明日之星，想必會成為演藝界的佳話吧。打著「與日本有著深刻淵源」、「能用日文流利介紹日本」的噱頭出道，可說是無懈可擊。

目前離東京奧運還有三年半的時間。我該做的就是磨練自己的音樂才能，目前只有兩首原創歌曲的我，必須製作更多首歌才行。雖然也曾想過直接在巴西從事演藝活動，但為了專心準備出道，我決定先回日本一趟。

當初我在傑尼斯工作時，足足花了一年的時間才將ＭＶ製作出來。所以我想打造一個能專注創作音樂的環境，並且邊打工賺取最低限度的生活費。

與小傑尼斯前成員組團

退出傑尼斯事務所後，我隨即將兩首原創歌曲上傳到X（前稱Twitter）和YouTube。同時也將先前給強尼先生的《Kauan 前進世界計畫》企劃書，寄給好幾間日本音樂經紀公司和唱片公司。

在幾間公司的回覆中，某間作曲經紀公司的態度相當積極。在我飛往巴西的期間，也有持續保持聯繫。他們希望我以簽約藝人的方向去努力，對於我想繼續學習音樂、創作更多原創歌曲並在奧運出道、進軍巴西的計畫也深表贊同。

那間經紀公司建議我先組團，比照「超級男孩」（NSYNC）的賈斯汀．提姆布萊克（Justin Timberlake）的出道模式，也同意讓我自己選擇志同道合的人，組成以我為中心的音樂組合。但我的腦海中，只浮現小傑尼斯成員的臉。

於是我去找現役小傑尼斯，也就是高橋颯、羽生田舉武和川口優三人。比起我，小傑尼斯活動資歷更長的他們，正處在「要一輩子待在傑尼斯還是離開」的抉擇階段。後來他們也決定退出傑尼斯，跟我共組四人團體。

颯跟我是小傑尼斯時期的好朋友，彼此都希望能成為「瀧與翼」[8]的存在。颯很會唱歌，從事演員之餘也會拿著吉他自彈自唱，目標是成為像福山雅治那樣的藝人。英語能力不錯的舉武喜歡強尼・戴普（Johnny Depp），夢想是成為一個好萊塢巨星。優不同於以單飛為目標的其他人，以組團出道為目標的他，非常喜歡韓國的 BIGBANG[9]，也很崇拜 G-Dragon（權志龍）。

我們先在錄音室試錄歌曲，結果經紀公司很滿意我們的合唱表現。歌手和偶像

---

[8] 瀧與翼：於二〇〇二年正式出道，由瀧澤秀明和今井翼所組成的傑尼斯偶像男子團體，於二〇一八年宣布解散。

[9] BIGBANG：於二〇〇六年正式出道，由太陽、G-Dragon、大聲、T.O.P、勝利所組成的ＹＧ娛樂偶像男子團體。《時代雜誌》（*Time*）稱他們為「全球最具影響力的男子團體」。

的比重也達到了絕佳的平衡。但在日本推出男團組合勢必會槓上傑尼斯事務所，幾經討論後，我們做好不上電視，宣傳活動僅限網路社群平臺的覺悟。

二〇一七年七月，我們的四人團體「ANTIME」推出嘻哈風格的出道曲〈Born Again〉。對我們來說，是將想作為歌手重生的強烈期許寄託於歌名上。

同年十月，出道後的我們去上涉谷 Cross-FM 的廣播節目。節目將於傍晚六點錄製，結果從早上五點開始，就有很多歌迷開始領號碼牌排隊。

從永旺夢樂城購物中心巡迴演出開始，無論我們去哪裡，都有幾百人到場支持。專輯賣出將近一萬張。在日本橋三井展演廳唯一一場的專場演出，現場也擠滿了兩千名粉絲。

無庸置疑地，這個非傑尼斯男團的演藝事業，絕對能順勢邁向巔峰。

團體解散

然而，原本目標瞄準東京奧運的 ANTIME，卻在短短一年後宣告解散，演藝活動也宣告落幕。

大致有幾個原因。

首先是 King & Prince 搶先我們一步出道。原本經紀公司計畫讓我們從環球音樂正式出道，然而，King & Prince 卻先透過環球音樂出道了。而在那之前，傑尼斯跟環球音樂幾乎沒有往來。

不曉得是傑尼斯事務所的刻意安排還是純屬巧合，但我記得強尼先生曾當面向我明確表示：「直到東京奧運前，都沒有預定出道的組合。」

可能環球音樂最終的結論是無法讓 King & Prince 和 ANTIME 兩團同時出道吧。雖然真實狀況不得而知，但我們的正式出道宣告泡湯。此後所有成員似乎都失去了幹勁，也開始鬧意見不合，團體氣氛也劍拔弩張起來。

後來又發生了很多事，最後 ANTIME 只能宣告解散。

我同時失去了薪水和工作，只能過著每月用三萬日幣租下〇．七五坪的儲藏室存放家當，洗澡得去付費澡堂的生活。

自行寫歌、初次寫事業計畫書的我下定決心：「邁向下個舞臺吧。我需要的不是經紀公司，而是贊助者。」

我去低頭拜託認識的老闆，透過贊助者展開全新的「Kauan 計畫」。結果一度無家可歸的我，手邊的資金在轉眼間增加，原創歌曲也增加到十首，還製作了一張迷你專輯。

強尼先生與世長辭

在我力挽狂瀾的二〇一九年夏天，傳來了令人震驚的消息。

七月九日，強尼先生離世，享年八十七歲。

「我時日無多了。」雖然強尼先生過去經常發這樣的牢騷。但我實在很難相信他真的撒手人寰了。

我不假思索地撥打強尼先生的手機。

「〈目前正在開車中……〉」

奇妙的是，電話另一頭傳來手機「開車專注模式」的女性語音聲音。

我不免在內心吐槽：「什麼嘛，強尼先生正在駛向天國嗎……」

我在此前還沒經歷過喪親之痛，所以這是我初次體驗到親近之人離世的感覺。無論如何，我難過到說不出話來。

我窮極一生追求的目標就是超越傑尼斯。我夢想著自己退出傑尼斯事務所之後，在巴西成為明星，紅回日本後公開表示：「其實我曾是傑尼斯的一員，很感謝強尼先生。」

「ＹＯＵ是黑色，雖然不會被染上任何色彩，卻會影響到其他顏色，所以ＹＯＵ必須站在中間的位置。」

這句話至今仍深深烙印在我心中。

強尼先生還有句名言是「ＹＯＵ，放手去做吧。」

我想他大概是指「別為人生設限」吧，如果自認辦不到，那才是真的結束了。

我也思考過傑尼斯的未來。少了黃金製作人強尼先生，事務所搞不好會分崩離析。但我當時還沒想過要主動告發他的行徑。但隨著強尼先生的去世，傑尼斯在演藝圈的勢力也轉弱，我有預感，包含性侵害等潛藏在傑尼斯內部的問題，都會逐漸浮上檯面。

如前所述，我在二〇一六年初次造訪巴西時，就將二〇二〇年東京奧運視為揚名立萬的大好機會。

將日本主辦奧運的消息傳達給巴西的最佳人選，應該非我這位在日本從事演藝活動的日裔巴西人莫屬吧。如果能憑藉四年後的東京奧運，在巴西成為當紅炸子雞，我的美夢就成真了——於是我展開各種圓夢活動。

二〇二〇年一月，我再度飛往巴西，當時離東京奧運只剩半年。我本該如火如荼地工作著，但沒幾天後，新冠疫情（COVID-19）蔓延的消息傳遍全球。

由於我早已先將ＭＶ寄去電視臺毛遂自薦，爭取到上節目的機會，在節目播出後，我的表現也頗受好評，通告邀約也接踵而來。國家電視臺也決定請我擔任奧運大使。原定計畫是由我赴日採訪，播放我的歌當主題曲。然而奧運的延期，使一切都付諸流水，也徹底粉碎了我的夢想。

第六章

告發

得到恐慌症

二〇二二年意外成為自我省思的一年。

二〇一六年退出傑尼斯事務所後，我從唱片公司出道的計畫被擱置；為配合東京奧運，原本敲定要去上好幾個巴西電視節目，但受到新冠疫情的影響，巴西國內全面封鎖。結果我只上了一個電視節目，就被迫返回日本。

我的活動資金也所剩無幾，要成為明星還能做什麼呢？我透過提供歌曲等手段，試圖在演藝界謀求出路。於是我埋頭創作歌曲，邀請各界人士來我家開會，打造一支多人創作團隊。

後來新冠疫情開始趨緩，在我的努力奔走下，創作團隊的攝影師接到了巴西

Netflix 的拍攝案。另一位製作人也得到在音樂節演出的機會。至於我，則是預定與巴西歌手合作推出單曲，因此所有團員預定於六月再度前往巴西。

沒想到啟程在即，攝影師卻突然失蹤。得知此事的ＤＪ說了句「真糟糕」後，同樣在班機起飛前兩天人間蒸發。他拍攝完〈Melon〉這首歌的ＭＶ，在返家途中出了場小車禍。我不以為意的對他說：「只是小擦撞，去修一下吧。」他回我：「明白了，我去修車。」之後就不知去向。

對他們來說，去巴西後，會有好一陣子都回不了日本，還得面臨語言不通、工作風格截然不同的問題，會想留在日本也是人之常情。我後來用電話跟他溝通，在了解事情的前因後果後，選擇了原諒，雙方也達成和解。

本次計畫不同於疫情前，是在去巴西前就破局。但我卻不得不孤身前往巴西，畢竟這些工作都是我出面爭取到的，自己的爛攤子只能自己收。

我獨自去到當地，不斷地向對方賠罪道歉。與此同時，也自行處理了像是音樂節等可以獨自代打上場的通告。我沒有注意到，來自四面八方的各種壓力，無形中在心中不停地累積著。

為了揚名國際，我向認識的人借錢。在籌備出道的期間，我在日本從事作曲和攝影的相關工作，一點一滴地攢積經費。然而創作團隊的昔日戰友卻突然離我而去，而且還跟我借錢。或許他們有各自的苦衷，但我還是有種深深被背叛的感覺。

更糟的是，媽媽也因為肺炎住院。她本身就有膠原病，是一種自體免疫疾病，也沒打過新冠疫苗，所以我擔心得要命。

內心瀕臨崩潰邊緣的我，就這樣突然暈了過去。

雖然我記不得當時的情景，但幸好不是在外頭當街暈倒。我會突然心跳加速、呼吸困難，甚至在醒來後，常時不時覺得自己快被孤獨擊潰，強烈的不安和恐懼感侵蝕我的心靈。

「好想去死……」此刻我的腦海中，突然浮現過去不曾有過的念頭。

我真的不行了。

儘管我的原定計畫是在巴西待三個月，但最後不到兩個月就打道回府。失去事業夥伴前，我原本打算在巴西待一年，所以早已搬離日本的住處。再次無家可歸的我，只能暫時借住在朋友家，期間也有去醫院看病。結果被診斷出罹患了恐慌症。

由於深怕恐慌症再度發作，我甚至不敢獨自外出。整個夏天我都在診所接受心理治療。到了秋天，我終於能夠獨立生活了。

此時的我終於領悟到，自己的人生還很長。

過去的我，讓自己承擔太多責任了。

不想再對自己說謊

豐橋的巴西公宅，是我的起點。身為日裔巴西人，從國小我就感覺到了排外的現象。我因為自己既非日本人，也非巴西人，所以始終很自卑。被視為外國人的我，必須做出一番成績，才會獲得周遭認同，否則，即使送出情書，也會被他們扔入水溝裡。「不想再被任何人討厭了」——這個想法在年幼時，就根深蒂固地深植於我的心中。

進入傑尼斯事務所後也一樣。我想在國際舞臺大放異彩，報答傑尼斯的栽培之情，還有父母的養育之恩。無論是做為巴西人還是日本人，我都想活下去，想靠群眾的影響力消除歧視、促進平等，為此我唯有成為明星一途——被這套內在規則束縛的我，拼命絞盡腦汁思考如何圓夢。

另一方面，對於遭到強尼先生性侵等的內心陰暗面，我選擇睜一隻眼閉一隻眼，隱瞞了這段不堪回首的過去。

但是現實不可能如想像中那麼順利。退出傑尼斯事務所後，我本想靠音樂走向國際舞臺，最後卻為了餬口，只能承接各種商演活動來應急，事業夥伴也接連離我而去。

想要獲得眾人認同和報恩的想法，充其量只是夜郎自大，也是我此生犯過最大的錯誤。儘管想隨心所欲地放手逐夢，但繼續這樣下去，無論我活到幾歲，依然會重蹈覆轍。

所以，今後我想用更簡單的方式看事情。

想到這裡，我腦海中率先浮現的想法是「我不想再對自己說謊了」。

如今的我，無法勉強自己再隱藏真實的自我，以及那些為了隱藏自我而產生的荒唐想法；我想傾聽內心的聲音，遠離並與心生排斥的人事物劃清界線。往後的人生，我只想專注於如何誠實面對自我。

暫時當不成明星也無所謂。就算去不成巴西也無所謂。無法在日本從事演藝活動也無所謂。

為了創作出自己喜愛的音樂，只做好必要之事就好。

在我痛定思痛、下定決心後，沒多久就傳出 King & Prince 的三位成員退團及離開傑尼斯事務所的消息。

King & Prince 退社，成為告發契機

二〇二二年秋天，對傑尼斯事務所來說，是個多事之秋。

首先，瀧（瀧澤秀明）在十月三十一日辭任傑尼斯子公司社長職位，並離開傑尼斯事務所。雖然我沒有接觸過瀧，但他是強尼先生的心腹。光是這個消息就已經是枚震撼彈，但更令人跌破眼鏡的是 King & Prince 的平野、岸、神宮寺三人，也在十一月四日宣布退團和離開傑尼斯事務所。

King & Prince 的成員是我小傑尼斯歲月的同期夥伴，彼此之間有很深的羈絆。我跟平野在二〇一二年幾乎同期加入傑尼斯事務所。他隸屬於名古屋最大的經紀公司（那間我也曾面試過），以名古屋地方偶像團體「BOYS AND MEN」的名

義展開演藝活動。畢竟平野受過光 GENJI[10] 和少年隊[11] 編舞師的指導，剛進入傑尼斯時舞蹈實力就很強，跟起初因舞蹈吃盡苦頭的我形成鮮明對比，平野在小傑尼斯時代，就很順利地邁向進階之路。

雖然平野是公認的天然呆，但他其實很聰明。如前所述，我們曾以名古屋小傑尼斯的身分，一起參加關西小傑尼斯在松竹座的公演。當時活躍於關西小傑尼斯的人，正是目前還留在 King & Prince 的永瀨廉。

我曾和平野、神宮寺組成「Sexy Boyz」，跟岸也很要好。

所以二〇一八年一月，在得知 King & Prince 即將出道的消息時，我是由衷的恭喜他們。起初周圍的人都覺得後起新秀很難超越嵐，但我卻很看好 King & Prince。事實上，他們出道後就以勢如破竹之姿一路前進，成為日本男子偶像團體中的佼佼者，他們的努力態度也激勵著我。

然而 King & Prince 和我，卻在同一時間陷入低潮。

原來痛苦的人不只有我，他們也遇到了瓶頸。雖然實力堅強的他們曾經有著耀眼的光芒，但果然還是有自己的煩惱。同時我也察覺到，少了強尼先生的傑尼斯事務所，無法一圓我們想踏上國際舞臺的夢想。

打從我退出傑尼斯事務所的那刻起，在以電視媒體為中心的日本演藝圈就越來越難混。現實就是如此殘酷，我也經歷過某節目製作人指名我上通告，節目負責人也同意了，卻在最後關頭被電視臺高層推翻，導致通告被取消的慘痛經驗。

我很佩服他們願意面對嚴峻現實，不計代價邁向國際舞臺的那份決心，因為這需要莫大的覺悟。

於是我秉持著想為他們打氣加油的想法，在X上發了則推文：「要再跟我組團嗎？昔日的四人再次出發」，然後在推文下方附上 Sexy Boyz 時期的照片。

沒想到這則推文的瀏覽次數居然高達三百萬。

---

❿ 光 GENJI：於一九八七年正式出道，由內海光司、諸星和己、山本淳一、赤坂晃、佐藤敦啟、大澤樹生、佐藤寬之所組成的傑尼斯偶像男子團體。有「最後的超級偶像組合」之稱。於一九九五年宣布解散。

⓫ 少年隊：於一九八五年正式出道，由錦織一清、植草克秀、東山紀之所組成的傑尼斯偶像男子團體，為傑尼斯中最資深的偶像團體。二〇二三年，已故創辦人強尼．喜多川性侵案爆發後，由東山紀之接任傑尼斯事務所社長。

在此先聲明，我只是寫好玩的。

巴西人的天性就是在艱難時刻說一些玩笑話。畢竟跟日本比起來，巴西的貧富差距更大，如果連幽默感都沒有，活著未免也太辛苦了。很多巴西人每到週末就會齊聚一堂，大口吃肉、飲酒作樂，發發生活的牢騷，像是「最近過的怎樣？」、「實在付不出房租了」、「我也是，乾杯啦！」等等。

然而，仍對 King & Prince 成員退團感到震驚的粉絲們，似乎不太能接受這個笑話，所以這則推文引發了很多批判聲浪。後來我在 YouTube 上傳了一支名為「道歉」的影片。當然這支影片也是抱著開玩笑的心態拍攝。我在影片中邀請他們一起去上巴西的電視節目，沒想到有部分粉絲能理解我的想法，影片下方還有很多為我加油打氣的留言，像是「謝謝你的鼓勵」和「原本心情很差，但被你逗笑了」。

這也激起我想找個管道，來暢聊自己的傑尼斯時期的念頭，包含自己具體從事了哪些活動，還有退社的前因後果等。

雖然我已退出傑尼斯七年，但在此之前，我很少提及自己傑尼斯時代的經歷。

我在接受巴西電視臺等媒體採訪時，頂多輕描淡寫的說「待過傑尼斯事務所，最後為了追逐夢想而離開」。當然，我鮮少上日本媒體也是原因之一。

如今，King & Prince 與事務所決裂，與我同期的小傑尼斯也所剩無幾。眼看自己的傑尼斯時代已不復在，我的內心有股莫名的落寞感，同時也不想再對自己說謊，只想說肺腑之言。

至於最佳的傾訴管道在哪裡？我腦內驀然浮現某人的臉。

與網紅議員 GaaSyy 的合作直播

「雖然我目前處在風口浪尖上，但還是想前小傑尼斯的身分，說出自己的想法。」

於是我私訊了 GaaSyy（東谷義和）先生。

要與誰分享傑尼斯時代的經歷，才能讓更多人聽到呢？幾經思考後，我認為 GaaSyy 先生是不二人選。

他從二〇二二年二月開設 YouTube 個人頻道後，迅速蔚為話題，頻道訂閱數也破百萬。後來他還涉足政壇，並順利當選參議院議員，甚至出書。雖然最終他遭到逮捕，但我當時沒有想太多，只著眼在他超群絕倫的社群影響力。

我看了 GaaSy 先生的影片，得知他在徵求傑尼斯的相關消息，看到這則消息的瞬間，我就決定要跟他合作。

我傳了私訊過去，也得到 GaaSy 先生的回覆，最後敲定在十一月十三日晚上合作直播。影片標題是「GaaSy 與岡本 KAUAN 的緊急直播」。

一開始，我只打算分享自己加入傑尼斯的經過、退社的原因和關照過自己的前輩和同伴，無意特別提及強尼先生。然而在正式直播時，GaaSy 先生卻猝不及防地問我：「關於強尼先生性癖好的傳聞是真的嗎？」GaaSy 先生也認識很多前傑尼斯藝人，想必對此也略有傳聞。

換作過去的我，可能會謊稱「沒那回事」來含糊帶過。但我早已下定決心不再隱瞞任何事了，無論社會大眾怎麼看我，都要說出真相——腦海瞬間閃過這個想法的我，索性直接回答：「這是真的。」這個回答也成為了本書的開端。

我將持有強尼先生家的門卡、屋內實際情況、在強尼先生家客廳被按摩肩膀當晚就慘遭狼吻，以及錄影自保等情節，都一五一十地全盤托出。

結果那支影片獲得廣大迴響，播放次數超過五十萬。當然也引發不少批評聲浪，我也由衷對於自己在影片中提及的人間接受到牽連感到抱歉。但很多看過影片的網友，紛紛在影片下方留言「感謝你勇敢站出來指控」、「替你加油」等留言，也讓我倍感欣慰。

我的私人社群帳號也收到海量的私訊，有匿名訊息也有實名訊息。其中也包含了素不相識的前小傑尼斯成員。他同樣也是性侵受害者，還把當時的細節都寫了出來。我想他肯定很需要找人聊聊。

還有位女性前藝人跟我說她也有類似經歷，據稱她是被強制陪睡，才會憤而離開演藝圈。這些直達內心深處的控訴，給了我莫大的鼓勵，而我也深切感受到在深處暗潮洶湧的演藝圈潛規則。

ＢＢＣ主動聯繫

事實上，後來在全世界引發巨大衝擊的某支拍攝團隊也聯繫過我，也就是英國廣播公司（ＢＢＣ）。

在看過我與 GaaSy 先生的直播後，他們告訴我，已為出面控訴的受害者製作了一支紀錄片，目前已經剪輯後製完成，預計於近期播出。雖然回顧以往經驗，不曉得社會大眾會有怎樣的反應，但如果獲得廣大迴響，他們後續也想找我合作，我也回覆他們知道了。

於是，ＢＢＣ紀錄片《獵食者：日本流行音樂的祕密醜聞》（*Predator: The Secret Scandal of J-Pop*）在英國時間二〇二三年三月七日晚上九點的黃金時段播出，片長約一小時。日本則是在三月十八日播出。

在紀錄片中，強尼先生被譽為「日本流行音樂教父」。傑尼斯事務所所打造的偶像，稱霸了各大日本媒體；傑尼斯的周邊商品和廣告，用鋪天蓋地的形式出現在日本大街小巷中。然後記者莫賓・阿扎爾（Mobeen Azhar）的旁白這樣說：「但幾十年來，喜多川強尼始終深陷涉嫌性侵事務所旗下少年的疑雲。」

接著，有三位前小傑尼斯成員在影片中露臉，說出自己的經歷。有人在被按摩到一半就拒絕了，也有人在浴室被上下其手，後來也接受了強尼先生的按摩，最後被口交。期間橫跨一九八〇年代至二〇〇〇年代。雖然他們與我世代不同，但性侵手法卻很雷同。

和過往不同，踢爆此事的媒體是英國廣播公司ＢＢＣ，受害者還是上電視進行實名露臉控訴，給日本社會造成極大的衝擊。

對我來說印象最深刻的是，自己是第一次看到別人用認真的口吻在談論此事。過去在強尼先生家，大家都是在歡樂的氣氛下，若無其事地談論遭受性侵犯的過程，與紀錄片中受訪者的嚴肅態度截然不同。

此刻我終於體認到，大家以往承受的種種，其實是相當嚴重的問題。

看著那位哭著作證的五十多歲男性，我重新領悟到某個沉重的事實：內心的傷口，無論過多久都難以癒合。

透過《週刊文春》告發

在ＢＢＣ的紀錄片播出後，我在四月二日接受了《週刊文春》的專訪。

我來到文藝春秋出版社四樓的會客室，與兩位記者聊了三小時。除了聊性侵的過程，也聊到自己的成長經歷、加入事務所的經過、退社後的際遇，還有想告發的原因。

和 GaaSy 先生合作拍片後，文春很快就聯繫我，但我當時完全不當一回事。因為我可以自己決定發表在私人社群帳號上的言論和影片內容，就算沒有直播，我也能自行把關影片內容。但媒體就不同了，他們給我一種自己的言論很可能會被斷章取義的恐懼感，所以我選擇忽略他們的邀約。

但是ＢＢＣ的紀錄片的確喚起了社會的關注。儘管報章雜誌都沒報導，但網路新聞和 YouTube 等媒體已開始慢慢在討論這個消息。

我想，自己也差不多該做好覺悟了吧？

我內心湧起一股強烈的意圖，同時決定今年的目標不是當歌手或明星，而是「能否對自己誠實」。我不想再自欺欺人，只想誠實面對自我。既然我在影片內曾說過一次了，也無法再逃避。再者，King & Prince 的平野、岸、神宮寺也即將在五月退團，所以我早已做好最壞的打算。

除了文春，其他媒體也紛紛向我提出採訪邀約，但文春早在一九九九年起就知曉並開始報導強尼先生的性醜聞；在ＢＢＣ的紀錄片播出後，他們也持續追蹤報導前小傑尼斯的受害經過。我覺得他們比其他媒體更認真看待這個問題。

但最後的決定關鍵是我的直覺。我想起文春曾私訊我後，便嘗試聯絡文春的記者。雖然是在清晨發出的訊息，但對方很快就傳來回覆，於是我心想：「他們搞不好跟我意外地投緣，就跟他們合作吧。」

一見到文春的記者時，我不禁脫口而出：「文春，你們終於來了。」

如今回想，三小時的專訪感覺轉瞬即逝。但訪問完還要拍照，所以整場採訪結束後，我依然感到筋疲力盡。

文春預定在四月五日於官方網站刊登這則專訪。在報章雜誌上用實名露臉控訴的影響力似乎很大，我事後得知，那篇報導的點閱率高達兩千萬。

我在過往採訪中曾提過，如今回想起來，無法告訴任何人自己是遭性侵的受害者，是很痛苦的一件事，因為這樣就像是在否定自己過去一部分的人生。

現在的我已經能夠開誠布公的談論，也代表我打從心底原諒了強尼先生的所作所為。這一點對於我往後的工作跟人生都意義非凡。我不想有所隱瞞，我如今已經可以明確表達內心的排斥感，另一方面，也能坦率表達自己對強尼先生的感謝。說出不堪回首的過往，就像是在淨化自己的心靈。

但這樣做，並不代表一切能就此劃下句點。

向媽媽坦白

在我周圍的人之中，最先聽到強尼先生會性侵小傑尼斯的傳聞的人應該是媽媽。可能這件事也曾在巴西引起話題，剛加入傑尼斯事務所時，媽媽曾經問我：

「這是真的嗎？你還好吧？」

「嗯，是沒有啦。」我只能這樣回答，但媽媽的第六感很強，她又問了一遍：

「你去強尼先生家時，發現那邊都只有男孩子嗎？這不是很奇怪嗎？」

直到退出傑尼斯後，我才跟媽媽說實話。某次，媽媽無意跟我聊起演藝圈的黑暗時，我淡淡地回答：「嗯，其實強尼先生也對我下手過。」

「咦！他真的有對你做了什麼嗎？」

「有啊，但又不能說。」

這個話題也就此打住。當時媽媽不知道該如何面對發生在自己兒子身上的事，有一部分原因是害怕去面對，另一部分是我去東京打拼，與她多年來分隔兩地生活的緣故吧。物理距離會影響心理距離，當時我們處在截然不同的世界。

直到我在日本外國特派員協會（ＦＣＣＪ）的記者會結束後，媽媽告訴我，她在未滿二十歲，也就是我未滿一歲時曾在超市遇到色狼。當時的她在店內突然被襲胸，還搞不清楚發生什麼事的她，被嚇得差點沒暈過去。後來她搖搖晃晃地走到店外，告訴在車上等待的爸爸後，素來溫和的爸爸衝入店內逮住了那位日本人。

她說，在聽完我的經驗後，當年的恐懼感也浮上心頭。

「雖然那是在剎那間發生的事，但我依然忘不了那個痛苦的感覺，所以對於你的遭遇我無法追問下去，很抱歉我無法幫助你，讓 Kauan 你只能自己面對。」

聽她這麼說，我完全能夠理解媽媽的心情。畢竟她上了年紀，身體狀況也越來越差，我想讓她看見美好的願景，至於那幅願景，我認為就是我實現夢想、獲得幸福的模樣。

第七章

記者會

快馬加鞭的節奏

「我明白了，請務必與我合作。」回過神後，我才發現自己已經一口答應。

在文春刊登專訪不久後，負責採訪的記者打電話來向我提議：「你要不要開記者會？」

他說《週刊文春》的讀者頂多只有幾十萬人，與日本總人口相比起來，知道我故事的人依然太少。只要開記者會告發此事，無論是報章雜誌還是電視媒體都會來採訪。令人遺憾的是，日本媒體並沒有積極報導此事，但像BBC等海外媒體，搞不好會過來採訪，將事實傳達給更多人知道。

聽到這個提議後，我沒做多想就立刻答應了。

因為我早已下定決心，要用坦誠的態度去面對任何事，不要有所隱瞞或是逃避。決定接受文春的專訪時，我早已做好了心理準備。

儘管我一度很擔心自己的言論會被斷章取義，但文春沒有這樣做，而是一五一十地傳達出我的想法。此外，他們也如實寫出我對強尼先生的感激之情，沒有曲解我的意思。我也明白，他們寫報導的用意不是毀掉傑尼斯，是為了幫助受害的小傑尼斯們發聲，才會持續追蹤報導。因此面對舉辦記者會的提議，我絲毫沒有猶豫的理由。

爾後這件事進展得很順利。記者會地點預定在日本外國特派員協會（ＦＣＣＪ，全名是 The Foreign Correspondents' Club of Japan）。聽說拍攝ＢＢＣ紀錄片的記者和員工已開過一次記者會，他們與擔任該場主持人的ＦＣＣＪ報導企劃委員會會長大衛．麥克尼爾（David McNeill）討論過，對方也表示務必要舉辦。

記者會的日期訂在四月十二日上午十一點，距離報導刊登後不到一週的時間，一切正以快馬加鞭的節奏進行著。

我事前沒有多想。

我認為別有用心絕非好事，我只是秉持兩個原則：不欺騙自己，並且說出全部的真相。我也不會提到其他人的姓名，以免造成二度傷害。我打算用這種態度迎戰記者會。

接下來是服裝問題。我問文春的記者：「我該穿什麼衣服出席？正式的西裝好嗎？」結果他回答：「不用，穿什麼都行，做你自己就好。」

可是穿什麼才能展現「我自己」呢？想到這裡，答案也呼之欲出——黑色西裝配領結。

其實這是我最近愛上的打扮。去年年底，我認識的朋友包下一個超大會場舉辦生日派對時，我當時就是穿黑西裝搭配領結出席。

於是，岡本 Kauan 風格的服裝就這樣定案了。

說出真相

我在記者會召開前三十分鐘抵達現場。從皇居外苑步行一分鐘就能抵達。日本外國特派員協會位在日本中心地區的丸之內二重橋大廈內。

據說這是專門為派遣到日本的國外新聞機構特派員和記者開設的會員制記者俱樂部，但日本的報章雜誌電視等媒體，只要事前申請就能參加記者會。迄今曾舉辦過諸多名人的記者會，聽說王貞治和石原慎太郎等大人物也在這裡致詞過。最近舊統一教的前第二代女信徒在此舉辦記者會，讓這裡聲名大噪。

我戴著墨鏡，一身黑色西裝配白襯衫和黑色領結走入大廈，搭電梯前往五樓。我經過接待櫃臺，被帶往後面的小房間，也就是記者會致詞者的休息室。從窗戶可眺望丸之內的街景。主持這場記者會的FCCJ方，遞給我一本只有致詞者才能簽名的簽到簿。

我用葡萄牙語寫下「Muito Obrigado!（非常感謝）」。

不久後，主持人麥克尼爾先生現身。他用英文打過招呼後，記者會也正式開始。現場的女口譯員也說明了記者會的流程。由於這場記者會是針對外國記者召開，所以發問者用英語提問後，會先翻譯成日語，待我回答後再翻譯成英文。儘管整個流程不算流暢，但也只能這樣。不過，舊統一教前第二代女信徒記者會的口譯工作，也是這位女口譯員負責，所以她是專業中的專業，不需要擔心。

FCCJ的人說，現場聚集了近百名記者和攝影師。我在傑尼斯事務所的時候，從未參加過這種記者會。假如有機會參加，頂多也是以團體的名義吧。但這次所有人都是為了傾聽我的故事，才會齊聚一堂。

儘管如此，我卻不太緊張。反而覺得既然都到了這個地步，索性趕快開始吧。有位曾辦過十萬人演唱會的國外女歌手，在接受專訪時被問及：「妳站在十萬人面前都不會緊張嗎？真了不起。」結果她回答：「我完全不緊張，也不覺得這有什麼了不起。比起在十萬人面前唱歌，在一對一的情況下，向人表達好感更需要勇氣。」

傳達真實感受和真相更需要勇氣，也是告發的本質。由於這次我只聚焦在如何對自己誠實，還有毫無隱瞞地說出真相，所以沒有失敗可言。我只有害怕失敗時才會緊張，既然不怕失敗，自然也不會緊張。

我在ＦＣＣＪ方的邀請下進入會場。鎂光燈也不約而同的閃個不停。我微微鞠躬致意，向臺上走去。待我擺好姿勢後，快門聲也響徹全場。在我入席後，麥克尼爾先生宣布記者會的主題，然後向大家介紹我：「岡本先生願意鼓起莫大的勇氣，揭露自己遭受性侵害一事，請對他致上莫大的敬意。」

在麥克尼爾先生致詞的期間，我用桌上的水潤了潤喉嚨，一切準備就緒。

然後我發表了約五分鐘的演講，起初是自我介紹，大意是說自己在二〇一二年二月國三時加入傑尼斯事務所、被帶往強尼先生家遭到性侵害、為什麼召開記者會，還有自己對強尼先生的想法。我簡潔明瞭的敘述了自己的想法。雖然與前述內容有重複，但寫得還算精采，所以還是跟大家分享一下。

二〇一二年二月，當時是國三生的我加入了傑尼斯事務所。雖然當時隸屬別家事務所，但經紀人認識傑尼斯事務所的旗下演員岡本健一先生。由於我想從事音樂活動，所以透過經紀人交給岡本先生一封信，包含我唱小賈斯汀成名曲〈Baby〉的DVD，以及自己對音樂活動的理念。

二月十二日，強尼先生直接致電給我，吩咐我當天前往東京國際論壇大樓，當時正在舉辦傑尼斯事務所旗下團體「Sexy Zone」的演唱會。我急忙從老家愛知縣搭乘新幹線趕往演唱會現場，在那裡第一次見到強尼先生。我在他面前演唱〈Baby〉後，就突然被帶上演唱會的舞臺，當著五千名觀眾的面前清唱〈Baby〉。

從那天起，我就以「小傑尼斯」的身分展開演藝活動。

唱完歌後，我被強尼先生帶到青山的餐廳，與其他小傑尼斯們一起用餐。後來我跟其他青少年一起在強尼先生的大廈過夜。強尼先生的家座落在某座摩天大樓頂樓，是將兩戶打通為一戶的超大豪宅。宅內有寬敞的客廳、KTV室和按摩浴缸等，頂級豪華設備一應俱全。由於那間豪宅很難用言語來完整形容，稍後我會向大家公開當時拍攝的影片。那一晚，強尼先生沒有對我下手。

我當時只是來自愛知縣的國三生，後來只要有通告就會去東京工作。有時工作到太晚，就會經常留宿在強尼先生的大廈。第一次性侵害發生在我國中畢業前夕，也就是二〇一二年三月。那天我也是工作到很晚，與其他小傑尼斯們留宿於強尼先生家。

我在客廳跟大家吃著外送的晚餐，後來強尼先生走到我身旁，按摩著我的肩膀說：「Kauan，早點睡吧。」

我在加入傑尼斯前，絲毫不知道強尼先生會對小傑尼斯施暴的傳聞。但成為小傑尼斯後，我才從前輩們的口中得知此事，也自行上網調查過。

強尼先生當眾叫我早點睡後，我想周圍其他人應該心知肚明我是他今晚的目標。他們告訴我，被強尼先生要求早點睡的人，必須睡在離強尼先生臥房最近的房間，否則他隔天早上會心情不好。所以我當天睡在離強尼先生臥房最近的房間。但房內有三張床，其他小傑尼斯也在，所以我想應該不要緊。

強尼先生經常在深夜巡視大廈的每個房間。他會不時關上房間的窗簾，替睡著的小傑尼斯蓋被子，巡視小傑尼斯們是否還在嬉鬧。接著，強尼先生穿著拖鞋的腳步聲越來越近，最後走進了我所在的房間。雖然房內一片漆黑，但他八成是憑藉關上窗簾時的燈光，還有從走廊射進來房間的燈光，來確認每個人睡覺的位置。

他走近我床邊，掀開我腳邊的棉被，躺在我的腰際。當時我穿著強尼先生家提供的浴衣和內褲。強尼先生開始按摩我的雙腿，然後手逐漸往上摸，隔著內褲撫摸我的生殖器。然後他脫下我的內褲，直接觸摸我的生殖器，後來索性為我口交。我從頭到尾都在裝睡。

第二天強尼先生外出時，在電梯內給了我一萬日幣。

此後，直到二〇一六年離開傑尼斯事務所前，我留宿在強尼大廈的次數超過百次以上，除此以外，也曾與強尼先生同住在出差地的旅館套房，總計遭到強尼先生十五到二十次左右的性侵犯。

本次我接受《週刊文春》的採訪，他們告訴我，令人遺憾的是日本媒體不便報導此事。不如仿照BBC的方式，直接向國外媒體揭露。所以我才決定出席這場記者會。

如今我以音樂人的身分，在日本還有我父母的故鄉巴西從事演藝活動。我至今依然對強尼先生充滿感激，因為強尼先生改變了我的人生，我的演藝生涯也是拜他所賜。但另一方面，我認為強尼先生對當時年僅十五歲的我，還有其他小傑尼斯們做出的行徑是錯誤的。

雖然不知道我今天能否很好地回答各位的提問，但我想誠實說出自身經歷、目睹的事實和個人感想，請大家多多指教。

接下來，我播放了自己在強尼先生家拍攝的影片，他本人也有入鏡。記者會現場的燈光被調暗了下來，他家的廬山真面目，也隨著說明的字幕，出現在螢幕上。

那間門口掛著他人贈送，寫有「給強尼．喜多川先生」門簾的房間，是他的臥室兼書房；每天都會收到有志加入傑尼斯少年們寄來的履歷表，塞滿了紙袋；給小傑尼斯們使用的浴室、床鋪和按摩浴缸；堆積如山的小傑尼斯專用棉被、客廳那臺能看到「泳池」的望遠鏡、有隔音處理的ＫＴＶ室、巨型圓柱魚缸、擺滿高級名酒的吧臺……等。我會公開這段片長約一分半鐘的影片，用意並非是暴露強尼先生的隱私，而是以防有人不相信我，想提高自己證詞的可信度。

不出所料，在場所有記者無不聚精會神的盯著螢幕畫面，甚至有攝影師開啟閃光燈猛拍螢幕。

這也難怪，畢竟截至目前，強尼先生家都沒有對外公開過，敢偷拍他家的小傑尼斯也是少之又少吧。

如果加入前有媒體大肆報導……

在記者會的問答環節中，最令我印象深刻的是，有記者主張媒體需要負很大的責任。某位記者問我：「日本主流媒體的不作為，是否也成為了傑尼斯事務所長年弊端的成因之一？」看起來跟我同世代的NHK女導播也說：「身為公共廣播的從業人員，我會嚴正看待此事。」

誠如他們所說，除了文春以外，其他媒體過去都沒有積極報導此事。但透過召開記者會，就算日本媒體不報導此事，全世界的媒體也會報導。此外，還有很多除了我以外的匿名證人，所以還是很有希望的。

NHK的導播緊接著問我：「如果當時各大媒體有報導此事，會改變你的選擇嗎？像是會猶豫是否要加入傑尼斯事務所嗎？請問你是否會改變心意呢？」

早在一九九九年，強尼先生就曾以不實報導毀謗名譽為由，對文春提起訴訟。二〇〇三年，東京高等法院判決性侵內容屬實，二〇〇四年全案定讞。但當時除了極少數的報紙媒體，主流媒體都沉默以對。假如他們當年大肆報導，我還會在二〇一二年選擇加入傑尼斯事務所嗎？我反問自己。

我隨即回答：「如果當年電視臺有報導，應該會引起軒然大波，我父母八成不會同意我加入，由於我當時年僅十五歲還未成年，無法自行判斷。從任何角度來看，大概是不會（選擇加入傑尼斯）。」

這段對話後來被多家媒體引用，的確是一個很有意義的提問和回答。

除此之外，媒體還問了我很多問題，像是「會要求法律制裁嗎？」、「他給你一萬日圓後有說什麼嗎？」

在長達五十分鐘的提問中，我很慶幸自己有提到兩件事。

第一，我希望其他受害的小傑尼斯務必也站出來。

「想必（受害者）黑數相當驚人，看了影片就知道受害人數眾多。雖然我露面挺身指控，但我希望不只是接受ＢＢＣ採訪的受害者，其他小傑尼斯也能站出來說話，如此一來，就能發揮很大的影響力。」

第二是我對於強尼先生的感想，還有對傑尼斯事務所的期望。

「我強烈希望傑尼斯事務所目前的高層，還有事務所本身能承認此事。如果強尼先生仍在世，我也希望他承認此事，同時承諾下不為例。我明白這種現象不只在傑尼斯，演藝圈裡也是層出不窮，但願這些陋習總有一天能夠消失。」

撼動巨山

雖然我感覺自己還有很多想說的，卻也努力講完了一切想說的。值得一提的是，我享受到極大的言論自由。

我想現場諸多記者們，都是抱著「不知道他會爆料什麼」的心態在提問，畢竟他們無法想像我會說什麼。的確在記者會上，每個提問的背後都存在著譴責、辯解等目的性。但這次的記者會卻不太一樣。我感覺大家都是在沒有特定意圖的情況下，態度坦然完成整場記者會。

記者會結束後，我回到休息室，與幾位記者打招呼，敲定採訪。他們都是先前私訊過我的人。休息室外也有幾位記者在等我，我收下他們的名片，也接受了其中幾位的採訪邀訪。走出ＦＣＣＪ大廈的瞬間，電視臺導播直接跑來採訪我。雖然我有點驚訝，但依然認真地在鏡頭面前接受他的訪問（雖然我當時是戴著墨鏡受訪）。

記者會召開的期間，這件事早已成為新聞，「前傑尼斯性侵受害者岡本Kauan先生召開記者會」，最先報導的是共同通訊社。老實說，我不清楚共同通訊社是怎樣的媒體，但它是與全國各地的新聞媒體簽約，發布新聞的公司，因此日本全國媒體都在網路上陸續發布了記者會的報導。

第二天早報，《朝日新聞》、《讀賣新聞》和《每日新聞》等報社全都報導了此事。ＮＨＫ也在隔天傍晚的新聞報導了記者會的內容。

《朝日新聞》在四月十五日早報的社論寫道：「傑尼斯有必要查證性侵犯的真實性。」

ＮＨＫ和《朝日新聞》後來也有分別來採訪我。英國ＢＢＣ和《衛報》（*The Guardian*）、美國《紐約時報》（*The New York Times*）、《美聯社》（*Associated Press*）、甚至臺灣、泰國、印尼等亞洲各國的新聞網站，還有巴西……如字面所述，全世界都在報導。

就我個人而言，透過這次經歷體悟到 YouTuber 們擁有很大的影響力。即便是不方便在電視報導的議題，只要 YouTuber 覺得有趣或「應該讓更多人知道」，他們就會製作影片報導。此外，YouTuber 也不用看傑尼斯事務所的臉色。換作十年前，這種事可能不會發生。我認為網際網路的發達，在社會發揮了正面效用。

我自己的社群平臺也獲得廣大迴響。先前我遭到傑尼斯粉絲出征，紛紛留言痛罵我「存心想毀掉傑尼斯」、「想紅」、「騙子」，但記者會開完後，我也收到大批網友的留言鼓勵：「我支持鼓起勇氣揭發真相的 Kauan」。

當然，同件事可以有許多不同的看法，所有人一面倒挺我也很奇怪。我覺得這場記者會啟發很多人去思考這個問題，本身就是一個巨大的進步。

巨山終於為之撼動。

第八章

前往國會

與茱莉小姐見面

二〇二三年五月十四日晚上，傑尼斯事務所的藤島茱莉景子社長，針對強尼先生的性醜聞，親自錄製了一段公開道歉的影片。

這是從BBC在三月公開紀錄片以來，茱莉小姐首度向社會大眾發表意見。影片內的茱莉小姐，一身黑套裝搭配白襯衫的樸素打扮，感覺就像是來開道歉記者會，接著，她鞠躬道歉。

「對於公司創辦人強尼．喜多川的性侵害問題，在社會上引發很大的關注一事，我由衷感到抱歉，最重要的是，我想對提出控訴的受害者，致上最深的歉意。同時，也很抱歉對相關人士和粉絲們帶來莫大的失望和不安。」

截至目前，茱莉小姐幾乎沒在公眾場合亮相過。儘管只是一支影片，但我看得出來，她是真的鮮少在公開場合露臉並對大眾說話。

此外，針對性侵害問題，事務所也公布了一份書面資料。這份採用問答格式的書面資料上，也有提到我的名字。

——您怎麼看待BBC的專題報導和岡本Kauan先生的指控？

「如果性侵問題屬實，首要之務就是思考該如何面對受害者，還有事務所的存續也會受到質疑，我認為這是相當嚴重的問題。我會再次徹查事實，用最大的誠意來處理此事。」

——BBC的專題報導和岡本Kauan先生的指控都是事實嗎？

「我不認為這其中完全沒有問題存在，而無論是站在公司的角度，還是個人的立場，我都認為這種行為是絕對不能容許的。另一方面，在無法與當事人強尼·喜多川查證的情況下，我們也很難一口咬定每個控訴是否屬實。同時也必須也慎重考慮臆測引發誹謗中傷，帶給受害者二度傷害的可能性，這點還請各位見諒。」

關於性侵害是否屬實，她從頭到尾都沒有承認。我想身為公司社長的她，也必須顧及與傑尼斯藝人簽約的諸多贊助商。

——對於強尼．喜多川先生的性醜聞，事務所和茱莉社長都不知情嗎？

「儘管不知情也難辭其咎，但我真的不知道。為了解釋這點，我認為自己有必要說明傑尼斯事務所當時的經營方式。我在一九九九年《週刊文春》刊登相關報導時擔任董事一職，但傑尼斯事務所長期以來是由強尼．喜多川擔任藝人的製作人，瑪麗．喜多川則是全權負責公司的營運，公司所有事務都是由他們決定。說來慚愧，包含我在內的其他人，對於分內事以外的營運和管理事務，都沒有話語權。」

其實在影片發布兩週前，茱莉小姐就透過網路聯繫我，我們面談了約兩小時。我在小傑尼斯時代沒見過茱莉小姐，所以是我們第一次見面。我在內心臆測著：

「她是怎樣的人呢？現在在想什麼呢？」如果她說謊，我想我會發現，但我不希望情況變成那樣。

但實際見面後，我覺得她是渾身散發皇族般高貴氣質的可愛女士。茱莉小姐向我道歉：「我真的不知情。你說的是真的吧……非常抱歉。」

即便是茱莉小姐，在看到各種證詞和證據後，想必也震驚不已。

「但是我也有必須保護，還有不想傷害的人事物。」

在事務所的現役偶像中，也有人沒遭受過強尼先生的性侵害吧。

「老實說大家都矢口否認。但有些受害者不見得會想承認，所以我也不打算繼續深究，Kauan 也能感同身受吧。」她的話語間流露著真情實意。

另一方面，我也告訴她：「我建議茱莉小姐公開露臉，給社會大眾一個交代。」

兩週後，茱莉小姐真的公開露臉道歉。這是歷史性的一刻，也是傑尼斯事務所邁出的一大步。我衷心期盼事務所未來的重生，能稍微撫慰到受害者的心靈。

巨輪開始轉動

在日本外國特派員協會舉辦的記者會結束一個月後，立憲民主黨（日本最大在野黨）主動聯繫我：「希望邀請 Kauan 先生出席國會的聽證會。」

立憲民主黨想在常會期間提出《兒童虐待防止法》的修正草案，因此他們想參考我的經驗跟意見來制訂。

為什麼要修改《兒童虐待防止法》呢？聽完他們的說明後，我才恍然大悟。根據日本的現行法律，連同性虐待在內的兒童虐待加害者，適用的對象僅限擁有監護權的「父母」，並不包含其餘人。所以他們想擴大兒少（法律上未滿十八歲的青少年）保護範圍，將經紀公司幹部、社團活動顧問、宗教團體幹部等也納入管束對象。

對於青少年來說，那群人都是權威者或是難以違抗的對象。而且這條法律也包含通報義務，一旦得知虐待行徑，周遭人必須通報警察或兒童諮詢所。舉傑尼斯事務所為例，如果發現強尼先生的犯行，經紀人必須通報相關單位。他們想透過修法，明文規定大家不能視若無睹。

我覺得這項修正案極具意義，因此同意參加。

但就在前一晚，我要出席聽證會的消息傳出後，周遭人紛紛來電想勸退我，理由諸如「政治色彩太重」、「為什麼要和立憲民主黨合作？」，連認識的前N國黨立花孝志先生也竭力勸阻我：「你會被貼上『立憲民主黨』的標籤。我會以國會法務委員會證人的身分傳喚你，讓你以中立的立場發言。」我對政治一無所知，在得知去聽證會可能會對我未來的演藝活動產生負面影響後，我突然感到不安起來。

於是，我找上曾在新媒體 NewsPicks 企劃中的對談者——網路論壇 2ch[12] 創

---

[12] 2ch：全稱為 2channel，是日本的匿名文字討論板，類似臺灣的 PTT 論壇。

站者西村博之先生，諮詢他的意見。然後博之先生給我的建議是「先聲明自己不是立憲黨的支持者後，再去參加不就得了？」

由於我也贊成修法，所以聽從了博之先生的建議，按原定計畫參加。

聽證會於五月十六日召開。我也第一次見到繼我之後實名指控的橋田康先生。橋田先生大我十一歲，在一九九八年就加入了傑尼斯事務所，早了我十四年。據說他在國一時，就被強尼先生施以口交等性侵犯。這天就由我跟橋田先生共同出席聽證會。

由於我們加入傑尼斯的時間沒有重疊，所以雙方是初次見面。彼此都不曉得對方是怎樣的人，見面時只有互報姓名和簡單寒暄。

然而，能在國會與有相同經歷的人相遇，使我重新體認到，那一場露臉實名指控的記者會有多麼意義非凡。

在搭計程車前往國會議事堂途中，我第一次親眼看到議事堂。它那威風凜然的建築外觀，使我不由得繃緊了神經。

抵達國會後，立憲民主黨的山井和則議員前來迎接我。他客氣地向我寒暄：

「Kauan 先生，感謝你今天專程過來。」然後帶我走入國會。校外教學參觀國會的國小低年級孩子們，正井然有序地走在中庭之中。我來這裡的用意，就是為了保護這群孩子的未來，想到這裡，想促成修法的幹勁又湧上心頭。

山井先生帶我來到國會對策委員長室，在房內等待的立憲民主黨國會對策委員長安住淳議員，再度向我解釋了修法的意義。

也許安住先生想讓我們放輕鬆一點，他指著國會對策委員長室的沙發和壁紙說：「很老舊吧？這裡的東西損壞了，我們修一修就會繼續用。房內物品全都是日本製造，只有那邊的門把是美國製造的。」他與我們閒話家常，試圖緩解我跟橋田先生內心的緊張。

但我是天不怕地不怕的類型。安住先生提到自己去過巴西，於是我們開始聊起前往巴西的航線，還有歐洲各地的廉價機票等話題。

我們就這樣一路聊到聽證會開始。我們進入旁邊那間名為「休息室」但實則相當寬敞的房間。左手邊的桌子坐著成排的議員，右手邊桌子則坐著法務省（相當於臺灣法務部）、兒童家庭廳（專責應對少子化及虐兒等機關）、警察廳（相當於臺灣警政署）等立法相關機構的官員。他們身旁圍繞了幾十位新聞記者和電視臺攝影師，還有很多坐不住的記者們。

我在國會主持人山井先生的邀請下做了開場。我先是簡單自我介紹，談完強尼先生的犯行後，我對大家說：「我認為不只演藝圈，未成年人很難拒絕『權勢性侵』。在我以實名公布了自己在傑尼斯事務所的遭遇後，其他受害者也紛紛出聲響應，社會大眾也願意傾聽我們的聲音。我殷切期盼能在這種社會氛圍下建構完善的法律，避免將來還有像我們這樣的受害者出現。」

議員們邊聽邊點頭稱是，也有議員提出「為了防患未然，你認為該怎麼做？」和「怎麼做才能讓受害者願意發聲？」等問題，於是我也表達了自己的想法。

「我選擇實名露臉，毫無隱瞞地說出這些不舒服的經歷，最大目的就是想透過修法來督促周圍的大人。雖然修法未必能解決所有問題，但一點一滴的改變累積起來，就可以改變未來，保護到更多人。事件的結束不代表終點，我認為大家應該正視衍生的新問題，用亡羊補牢的方式，逐步打造受害者不用畏懼，也勇於發聲的環境。」

然後我接著說：「如今出面控訴的受害者，必須付出很大的代價。所以大多數人不是沉默就是隱瞞。如今這起事件，成為了讓全體國民思考的契機，希望帶給受害者更容易啟齒，並感覺深受保障的安全感。」

聽證會結束後，我在現場記者的團團包圍下接受訪問。記者要求我針對五月十四日，也就是兩天前茱莉小姐透過影片和書面資料回應強尼先生的性侵疑雲一事，發表感想。

我回答：「巨輪已經開始轉動。」

在採訪結束、離開國會的途中，記者們也一路尾隨我提問。直到不久前，關於強尼先生的性醜聞，新聞媒體都隻字未提，世界當真起了翻天覆地的變化。我邊這樣想，邊走出了國會。

當天晚間新聞時段，ＮＨＫ和各大民營媒體，都在同一時間報導了聽證會的相關新聞。

恐慌症復發

出席國會向議員們闡述自己的意見後，我感到如釋重負。然而當天晚上，大量批判聲浪湧向我的X等社群平臺。

「還不就是想紅想紅想紅」

「忘恩負義的人去死吧！」

「整起事件的最大功臣應該是GaaSyy和立花先生吧？現在是什麼狀況！」

「只求立憲民主黨別借題發揮與濫用」

雖然前N國黨的立花先生追蹤了我的帳號，也為我緩頰說：「就結果而論，還好有出席聽證會。」但依然無法平息網友對我的抨擊。

我的宿疾恐慌症也再次復發了。連親朋好友也勸我「你現在先休息吧」、「暫時先別在網路上發言」，於是我決定聽從他們的建議，在隔天十七日發了則推文。

「我最害怕的就是有人會因為此事想不開，包括我自己在內。我不想再對自己說謊，也不想再怨恨任何人，我依舊對此充滿感激。請優先顧慮受害者、傑尼斯事務所旗下藝人和他人的心情，為此，每個人在建構自己的精神堡壘時，請務必慎重行事，別無視和強硬解讀他人的心情。抱歉，我的恐慌症又復發了，所以要休息一段時間。」

話雖如此，有件事我還是決定要做。

我原本打算在五月二十四日生日當天，把自己的新歌上傳到網路。自從我決定誠實面對自我，說出強尼先生的行徑的我，把如今的心境寫成了一首歌。我不是基於想成名的心態創作這首歌，而是想抒發自己真實的心聲。這首名為〈THE FIRST〉的歌也有「回到原點」的含意，也在千葉縣的九十九里濱等地完成了ＭＶ

的拍攝，接下來就只等上傳了。

然而我的恐慌症復發，已聽不到自己內心的聲音了。我感覺呼吸困難，網民的謾罵聲盤據在我腦海裡，很害怕發言，也不敢發表歌曲。我很想逃避這一切，也會在不自不覺間淚流滿面。

就在我下定決心要放棄的時候，突然意識到一件事：「為什麼我會如此難受、痛苦呢？」這種感覺已經不是第一次了。我絞盡腦汁想找出答案。沒錯，因為我又開始對自己撒謊了。〈THE FIRST〉是首我承諾不再對自己撒謊的歌，但我卻在歌曲發表前一週，違背了對自己的承諾。

我也領悟到一個重大事實。無關乎道理和善惡，愛才是唯一的答案。換言之，人在充滿愛的狀態下，就不會對自己說謊。在下個瞬間，我的腦海裡浮現出各式各樣的句子。於是我立刻拿起手機錄音，將腦中浮現的話語原封不動地說出來。

我出生於一九九六年五月二十四日

於二〇二三年五月二十四日重生

我始終在逃避自我
閃耀燈光的背後／一直存在著巨大陰影
一次又一次，很多人要我放棄
但我知道我並不孤單／請不要自責
我也與你一起活在
連愛你所愛的／恨你所恨的
都無法自由表達的世界
我也曾自責過／所以能夠體會
但我不想怨恨他人／也不想忘了心存感謝
只想對自己誠實／不對自己說謊
愛不用刻意找尋／也不是用來逼迫他人的藉口
很多人相信／人生就是通往兩道門
左邊是善良／右邊是邪惡／只能二擇一
但仔細看／就會發現中間還有道門

門上只有一個字／那就是「愛」
在這道門後方／沒有善惡之分
是個能包容萬物的愛的世界
希望大家打開那道門
隨時都能打開／隨時都能回到初心
而我現在／已經開始這樣做了

說完後我按下停止鍵，將錄音檔直接發給於自己公於私都最信任、共同創作歌曲的音樂製作人淳。淳聽完後傳給我的回覆，只有一句話卻讓我哭了。於是我立刻打電話跟他討論。第二天，我用自己的聲音，在二子玉川河灘拍完ＭＶ的最後一幕，那段文字就彷彿缺少的最後一塊拼圖，整個作品也宣告完成。我終於戰勝了恐慌症的復發，也順利發布了歌曲，是愛讓這一切得以實現。

我把口白打成字幕剪輯到ＭＶ中，影片下方的留言非常溫暖。

「我也覺得自己可以重生了。原本如死水般內心也湧現出能量。」

「Kauan 先生的話語和選擇始終充滿了愛。現在地球需要的就是愛，不是金錢、地位、權力、身分和頭銜。Kauan 先生是向我們傳達這個重要訊息的光之使者，擁有強大溫柔的靈魂。」

「聽完後不禁淚流滿面，靈魂顫抖！！善與惡的融合！光明與黑暗的融合！希望大家都能打開愛♡之門，找回真實的自我！！」

就這樣，大家接納了最真實的我。只要放手去做自己相信對的事，最終會走上正確的道路，我是這麼想的。

四位受害者的連署活動

如果《兒童虐待防止法》修法通過，往後不僅是父母，只要與未成年人有權威關係的成年人，對未成年人做出讓他們難以拒絕的行為，都能構成虐待。這也代表有越來越多兒童會受到保護。我認為這一點，不分黨派的所有人都會贊成。

立憲民主黨沒有堅持自己的提案版本，也向自民黨（自由民主黨）和公明黨等處於對立面的執政黨提出共同制訂法案的邀請。然而，執政黨卻拒絕了。

其中，自民黨的態度較為積極，但公明黨卻表示現行法律足以應對現況，所以選擇不參加。

後來立憲民主黨單獨向國會提交了改革修正法案。然而少了執政黨的支持，修正案也無法執行。

我們想趁性侵害議題在社會上被大肆報導的現在，設法在本屆國會實現修法。於是我與橋本先生、同樣用實名控訴強尼先生犯行的前傑尼斯藝人二本樹顯理先生，還有揭露自己在一九九〇年出道前，曾遭受侵犯的前男團「忍者」成員志賀泰伸先生四人，發起新《兒童虐待防止法》的請願連署活動。

連署活動於五月二十六日起跑，當時距離國會閉會剩下不到一個月，可能是很魯莽的一次行動。儘管如此，我還是想向對修法抱持消極態度的政黨，傳達「其實有很多人贊成」的聲音。

連署的踴躍程度超乎預期。截至六月五日的十一天內，連署人數居然高達約四萬人。

那天，橋田先生、二本樹先生和我三人，去國會送交厚厚一疊的連署書。立憲民主黨、日本維新會、國民民主黨、日本共產黨等四個在野黨的國會議員都是親自出面收下，但自民黨和公明黨卻是推派事務員出面收取。各政黨對於改革修法的積極度，似乎也在此處展露無遺。

結果自民黨和公明黨，直到會期結束都沒有討論此案，所以沒能在常會實現修法。但岸田首相在國會上曾表示：「關於加強預防性侵害犯罪的對策等，將召開相關府省會議進行檢討改進。」

我想我們多少還是促使政府有些積極作為了吧。

肯定會有結果

在那之後，自民黨還是有請我和橋田先生提供相關意見。雖然無法在本屆國會修法，但自民黨仍表示願意聽取我們的意見，站在我的立場，會希望明年秋天的國會能夠進行修法，既然如此，我願意向自民黨暢談自己的經驗和意見。

六月十二日，我前往位於永田町的自民黨總部參加公聽會。與立憲民主黨不同的是，這場公聽會不開放媒體採訪，發言者只有「虐待等相關特別使命委員會」的議員。

橋田先生強調了修法的必要性，而我則是向他們表達：「應該透過教育場所進行性侵害防治教育的宣導。」以毒品為例，學校會時常宣導吸毒會帶給身心多大的負面危害，也會利用許多宣傳海報來宣導。

另一方面，如今的教育很少教導未成年人遭遇性侵時的應變措施，像是該怎樣處理、能夠向誰求助等。我告訴他們，如果學校有教，孩子們能學到相關的知識，當有一天不幸真的遇到，就能做出截然不同的對應模式。

議員們的初衷是「找出除了修法以外的措施」，但他們還是認真聽取關於修法的意見，最後向我保證「肯定會有結果」。

第九章

今後的打算

目標是拉丁葛萊美獎

我以單飛出道為目標離開傑尼斯事務所，已經快七年了。

如前所述，我離開傑尼斯後，立刻動身前往我的另一個故鄉，巴西。

巴西擁有超過二．一億人口，相當於日本人口的兩倍。最近還被稱為「全球南方」，也就是深具潛力的經濟新興國家之一。這意味著音樂市場也很大。

巴西全國上下都熱愛音樂，像是小賈斯汀、Lady Gaga（女神卡卡）、ＢＴＳ（防彈少年團）……如果詢問國際巨星「去哪個國家開演唱會最嗨？」他們會異口同聲地回答「巴西」。演唱會上的所有觀眾都會跟著一起唱。雖然日本歌迷對藝人很有禮貌，但巴西歌迷超級熱情。歌曲的播放量也是高到日本無法比擬的程度。

巴西也有傑尼斯的粉絲，身為「待過傑尼斯的巴西人」的我，在當地的關注度很高。他們非常喜歡在巴西人在異國他鄉的奮鬥史。例如巴西球王比利，也是因為出生貧困，然後崛起成為世界級球員，才會如此受巴西人民的愛戴。

我的雙親十八歲就來日本的工廠工作，我從小在日本的巴西社區長大，並進入日本演藝界頂尖的傑尼斯事務所，在嚴峻環境下學成凱旋回國，是非常符合巴西人胃口的真實故事。

我的目標是獲得每年在美國舉辦的拉丁葛萊美獎（Latin Grammy Awards）。

雖然美國葛萊美獎（Grammy Award）在日本比較知名，但這個拉丁音樂領域的獎項也很厲害。隨著美國西班牙裔（主要是以拉美裔西班牙語為母語）人口的增加，該獎項從二〇〇〇年起，從葛萊美獎獨立出來舉辦。克莉絲汀・阿奎瑞拉（Christina Aguilera）、夏奇拉（Shakira）等諸多國際巨星也都曾獲頒該獎項。

拉丁音樂的聽眾很廣泛，包含中南美洲、西班牙、葡萄牙……等。如果我用葡萄牙語唱歌，我的歌就成了拉丁樂。多國語言是邁向國際的關鍵。因此我在創作歌曲的時候，通常會製作葡萄牙語、英語和日本三個版本。

取得日本國籍

我年滿二十歲後，也就是我首次去巴西的前一個月，立刻申請加入日本國籍。

儘管我在日本出生長大，但因為日本不像美國和巴西採用屬地主義[13]，所以我沒有日本國籍。因此在國中學壞的那段時期，媽媽才會警告我可能會被強制遣返。

日裔巴西人往往不會申請歸化，原因在於就算申請歸化，也很難獲得核准。

我也是花了將近三年的時間才獲准取得日本國籍。日本基本上不允許擁有雙重國籍，所以他們要我放棄原有國籍。但巴西當地規定，一旦有巴西國籍就不能放棄原有國籍。因此我擁有巴西和日本雙重國籍，也就是兩本護照。我覺得代表兩個國家，很符合我的身分認同。

當然，畢竟我在日本土生土長，對日本有很強的歸屬感；就算必須放棄巴西國籍，也要取得日本國籍。

如前所述，我曾藉著東京奧運的機會在巴西一戰成名，於是在二〇二〇年初二度前往巴西時，有去上一個名為《勞爾・吉爾秀》（*Programa Raul Gil*）的電視音樂節目。那個節目的定位，有點像由日本搞笑二人組 DOWN TOWN 主持的音樂綜藝節目《HEY!HEY!HEY! MUSIC CHAMP》。

我去巴西前就先寄了MV過去，然後打電話毛遂自薦，最後敲定通告。我在節目上演唱了自己的歌曲，在節目尾聲再度被主持人叫上臺喊結尾臺詞，獲得巨大成功。我在電視上只出現二十分鐘，社群平臺的粉絲就增加了五萬人。電視臺的工作人員得知後，也紛紛發我通告，最後一口氣敲定了五個電視節目的通告。

但遺憾的是，新冠疫情導致巴西封城，原先敲定的節目也全數取消。唯一值得

⓭ 屬地主義：又稱出生地主義，指無論父母是哪國人，只要出生在該國的領土內，即自動獲得該國國籍。

慶幸的是，我當時申請歸化總算獲得批准。但也是因為日本存在入境限制，要有日本國籍才能返回日本。

東京奧運不僅延後到二〇二一年，而且是在現場無觀眾的情況下舉辦，是相當罕見的情況。因為採用這樣的形式，所以我在巴西敲定的和奧運相關的工作，也全數泡湯。

於此同時，我發現自己喉嚨出了問題，經檢查後發現長了息肉，於是做了切除手術。嗓音在手術一年後才能完全恢復。能夠在新冠疫情期間動手術，也是不幸中的大幸，畢竟也沒有演出機會，而且術後我的音域還拓寬了一個八度音階。

我在新冠疫情期間化身為飆高音狂，連惠妮・休斯頓（Whitney Houston）跟瑪麗亞・凱莉（Mariah Carey）的歌都飆得上去。

她們用音樂為人們帶來歡笑。

用蘊含「愛」的音樂引導、拯救人類。

這是多麼美妙的事！

但是二〇二二年遭遇到諸多不順遂，我跌入了人生谷底。在過往的人生，我覺得自己既不是日本人也不是巴西人，是個半吊子的存在，總是背負著「必須做出成果才能受到世人認可」的壓力。

黑暗始終如影隨形——我閉上眼睛。除非成為明星，否則自己永遠無法擺脫黑暗。然而我錯了。並不是成為明星後才能擺脫黑暗，而是能擺脫黑暗的人，最終才能成為明星。能夠照亮黑暗的人，才能成為閃耀的明星。

雖然現在的我依然立志成為明星，但是在那之前，我想誠實面對自己，不想對自己撒謊。認為自己可以拯救他人的心態，其實是種傲慢，我能做的只有引導大家走進愛之門。打開那道門的人，將會被愛拯救，並非被我拯救。

如今我想做的、必須做的還有能做的，就是「愛的交換」，金錢名利都只是附加價值，充其量是種紀錄。為此，我現在只想創作自己喜歡的音樂，也強烈期盼自己的音樂可以為人們帶來笑容。我如此相信著。

後記

二〇二三年五月十六日，在國會議事堂。

我向國會議員和官員們發表自己的想法：「我殷切期盼能在這種社會氛圍下建構完善的法律，避免將來還有像我們這樣的受害者出現。」

打從四月召開記者會後，已經過了一個多月。在這段期間，世界發生了翻天覆地的變化。

繼我實名控訴後，橋田康先生、二本樹顯理先生等前小傑尼斯練習生也以實名出聲指控。他們說是我的勇氣，激勵了這些前傑尼斯藝人紛紛站出來發聲。

傑尼斯事務所也有所行動了。

五月十四日，現任社長藤島茱莉景子發布了一段影片，說明了強尼先生的性侵害問題。

「對於公司創辦人強尼．喜多川的性侵害問題，在社會上引發很大的關注一事，我由衷感到抱歉，最重要的是，我想對提出控訴的受害者，致上最深的歉意。」

茱莉社長深深低頭鞠躬。我想再度強調，這是身為社長的茱莉小姐第一次公開露面。

約兩週前，茱莉小姐要求和我見面。於是我們見了面，促膝長談了很久。

「真有此事嗎？」她臉上的表情透露著她似乎全然不知情。但聽了我的話後，就會知道我沒在撒謊。

茱莉小姐也說：「我也有必須保護，還有不想傷害的人事物。」

我也告訴茱莉小姐：「我建議茱莉小姐公開露臉，給社會大眾一個交代。」

雖然我不曉得這句話發揮了多大的影響，雖然是透過預錄影片的方式，但茱莉小姐真的公開現身，並向世人低頭道歉。這種做法可能並不完美，後來引發了像是

「不曉得她在為什麼事情道歉」、「她應該召開記者會回答問題」等諸多批評，但我想那是她當時所能做的最好選擇。

甚至連制訂法律的國會，也願意正視這個問題，有了新的作為。日本的《兒童虐待防止法》原本僅適用於來自父母的虐待（包含性虐待），他們想透過修法，將身為絕對權威者的其他成年人也納入適用對象，像經紀公司幹部、社團活動顧問等。

自從我實名控訴後，始終在尋找這個問題的終點。

我認為靠修法保護將來想踏入演藝界追夢的兒童，應該是最佳的解決之道，所以我選擇出席國會議員們的聽證會，分享自己的經驗和看法。

✦✦✦

最後，強尼先生對我的侵犯，給我帶來什麼影響呢？

我曾在某個時期認為，如果我無法忍受，就不能成為明星，所以就算有人問起，也只能矢口否認。除了默許他的行為，我還得不斷進行自我催眠，也因此陷入自我嫌惡。這不是藝術家該有的生活方式。

但我發出的微弱聲音，與許多後繼者的聲音結合在一起。包含那些同樣受害的前傑尼斯藝人、願意簽名連署的人，還有網路上那些支持我的聲音。

我在離開傑尼斯的時候，就放棄成為眾人心目中理想形象的偶像，轉而選擇成為暴露真實自我的歌唱藝術家。支持的聲音和反對的聲音，都將成為我今後的能量來源。

「讓開吧，命運！你擋到我的路了。（Out of my way. your fate. I'm going through.）」

我把自己最喜歡的麥可．喬丹名言刺在自己的右肩上。我的腰部還有一個老鷹（Kauan）刺青。

我要飛往日本、巴西以及全世界。

我想在演藝圈內繼續向前、展翅翱翔。

傑尼斯事件關鍵大事記

西元	大事件
1962 年	強尼．喜多川創立傑尼斯事務所。
1980 年代	多名傑尼斯旗下藝人陸續出書爆料遭到性侵。
1999 年	《週刊文春》開始刊登傑尼斯性醜聞系列報導。 傑尼斯事務所以不實報導毀謗名譽為由，對文春提起訴訟。
2003 年	東京高等法院判決性侵內容屬實，2004 年全案定讞。
2012 年	岡本 Kauan 加入傑尼斯事務所。自述於 2016 年退社前，遭到強尼．喜多川十五至二十次的侵犯。
2017 年	日本首次修法，將性侵受害者適用範圍從「女性」擴大為「不限性別」。
2019 年 7 月	強尼．喜多川逝世，享壽 87 歲。成為首位在東京巨蛋舉辦告別式的第一人。
2022 年 11 月	岡本 Kauan 與網紅 GaaSyy（東谷義和）開直播，首度揭露被強尼．喜多川性侵。

西元	大事件
2023 年	
3 月	英國 BBC 紀錄片《獵食者：日本流行音樂的秘密醜聞》（*Predator: The Secret Scandal of J-Pop*）上線。
4 月	岡本 Kauan 在日本外國特派員協會召開國際記者會，揭發強尼・喜多川的性侵事實。日本主流媒體開始報導。
5 月	社長藤島茱莉景子拍攝道歉影片，向受害者四度鞠躬道歉，承諾將開啟內部調查。
8 月	外部專家小組調查報告出爐，認定喜多川性侵為事實。
9 月	傑尼斯事務所首次公開承認性侵屬實並道歉，社長藤島茱莉景子宣布請辭，東山紀之接任新社長。 日本多家電視臺也發表致歉聲明，表示「未能善盡媒體職責」。 大型企業紛紛宣佈終止與傑尼斯藝人的廣告代言合作。
10 月	社長東山紀之宣布解散傑尼斯事務所，並更名為「SMILE-UP.」，在完成受害者賠償、輔導工作後將結束運營。 12 月，宣布另成立「星達拓娛樂」負責管理藝人的經紀事務。

HEART
心|視野　心視野系列 140

傑尼斯男孩、創傷與偶像的告白

掀開日本娛樂圈掩蓋半世紀的祕密，十五歲少年的黑暗與掙扎

ユー。ジャニーズの性加害を告発して

作　　　者　岡本 Kauan
譯　　　者　姜柏如
封 面 設 計　鄭婷之
內 文 排 版　顏麟驊
責 任 編 輯　洪尚鈴
行 銷 企 劃　蔡雨庭、黃安汝
出版一部總編輯　紀欣怡

出　版　者　采實文化事業股份有限公司
業 務 發 行　張世明・林踏欣・林坤蓉・王貞玉
國 際 版 權　劉靜茹
印 務 採 購　曾玉霞
會 計 行 政　李韶婉・許俽瑀・張婕莛
法 律 顧 問　第一國際法律事務所　余淑杏律師
電 子 信 箱　acme@acmebook.com.tw
采 實 官 網　www.acmebook.com.tw
采 實 臉 書　www.facebook.com/acmebook01

I　S　B　N　978-626-349-752-8
定　　　價　360 元
初 版 一 刷　2024 年 8 月
劃 撥 帳 號　50148859
劃 撥 戶 名　采實文化事業股份有限公司
104 臺北市中山區南京東路二段 95 號 9 樓
電話：（02）2511-9798　傳真：（02）2571-3298

國家圖書館出版品預行編目資料

傑尼斯男孩、創傷與偶像的告白：掀開日本娛樂圈掩蓋半世紀的祕密，十五歲少年的黑暗與掙扎／岡本 Kauan 著；姜柏如譯. -- 初版. -- 臺北市：采實文化事業股份有限公司，2024.08
224 面；14.8×21 公分. --（心視野系列；140）
譯自：ユー。ジャニーズの性加害を告発して
ISBN 978-626-349-752-8（平裝）
1. CST：性侵害　2. CST：性犯罪　3.CST：被害者　4.CST：歌星　5.CST：日本
548.544　113009182

采實出版集團
ACME PUBLISHING GROUP